我思，我读，我在
Cogito, Lego, Sum

沈志明 主编

Collection de précurseurs

先 驱 译 丛

（法）居斯塔夫·福楼拜　著

丁世中　译

Gustave Flaubert

Lettres

Littéraires

de **Gustave Flaubert**

福楼拜文学书简

GUANGXI NORMAL UNIVERSITY PRESS

广西师范大学出版社

· 桂林 ·

福楼拜文学书简
FULOUBAI WENXUE SHUJIAN

策　　划：吴晓妮@我思工作室
责任编辑：张玉琴
助理编辑：韩亚平
装帧设计：何　萌
内文制作：王璐怡

图书在版编目（CIP）数据

福楼拜文学书简 /（法）居斯塔夫·福楼拜著；丁
世中译. —桂林：广西师范大学出版社，2020.10
（先驱译丛 / 沈志明主编）
ISBN 978-7-5495-5491-1

Ⅰ．①福… Ⅱ．①居… ②丁… Ⅲ．①福楼拜
（Flaubert，Gustave 1821-1880）—书信集 Ⅳ.
①K835.655.6

中国版本图书馆 CIP 数据核字（2020）第 155063 号

广西师范大学出版社出版发行
（广西桂林市五里店路 9 号　邮政编码：541004）
网址：http://www.bbtpress.com
出版人：黄轩庄
全国新华书店经销
山东韵杰文化科技有限公司印刷
（山东省淄博市桓台县　邮政编码：256401）
开本：787 mm × 1 092 mm　1/32
印张：11.375　　字数：190 千
2020 年 10 月第 1 版　　2020 年 10 月第 1 次印刷
印数：1—5000 册
定价：58.00 元

如发现印装质量问题，影响阅读，请与出版社发行部门联系调换。

CONTENTS

目　录

辑二   个性化与非个性化

辑三　艺术至上

辑四 内心的使命

传统与创新

《先驱译丛》丛书总序

沈志明

　　法国 19 世纪文学，从 1850 至 1895 年的近半个世纪，一言以蔽之，大概可称现实主义时代，正如 19 世纪上半叶可称浪漫主义时代一样。这是大致而言，因为任何概念都难以涵盖一个历史时期纷繁多变的文艺思想和流派，以及千姿百态的文学作品。古典主义在浪漫主义兴起的时候并没有消亡，浪漫主义也没有随着 1848 年的革命而绝迹。《包法利夫人》和《恶之花》之间的内在联系，同代人是看不出来的，只有在与其拉开距离的今天才能洞若观火。

　　文学史家把 1850 年划为第一代现实主义，把 1871、1880 至 1895 年划为第二代现实主义，即自然主义。作为现实主义的延伸和发展，自然主义有过不可磨灭的贡献，但正如权威教授卡斯泰克斯所指出的，"1880 年产生的自然主义流派把现实主义的原则推至极端"[1]，它毕竟与现实主义是有区别的。本文只涉及现实主义流派（1850—1870）对 20 世纪小说的影响，重点论述 20 世纪小说，尤其是现代派小说对现实主义的发展。

一

尽管 20 世纪文艺思潮和流派名目繁多，但大体上可划分为"传统派"和"现代派"。

以巴尔扎克、司汤达、左拉为代表的传统小说家对 20 世纪的小说家具有很大的影响，他们关于再现生活、模仿自然、符合客观现实的艺术真实等主张和实践，成为不少当代作家的创作准则。

20 世纪初，尤其在第一次大战之后，法国出现了一批师承巴尔扎克传统的杰出小说家。正如莫洛亚指出："战后的文学起初还没十分偏离法国古典传统。即使在《新法兰西文学评论》内部，马丁·杜加尔，斯仑培格，黎维埃尔，

1　卡斯泰克斯主编：《19 世纪文学》，第 221 页，经典丛书，阿歇特出版社，1966 年。

还属于古典谱系。"[1]他的同时代、同谱系的作家,即罗曼·罗兰、杜阿梅尔、于勒·罗曼、莫里亚克,都致力于描绘他们生活的时代和社会。他说: "于勒·罗曼以其一览无余的独特才能,像先前的巴尔扎克一样,致力于描绘整整一个社会。"[2]确实,于勒·罗曼的《诚心诚意的人们》(1932—1946)描绘了1908年10月至1933年10月法国乃至世界政治、经济和社会的图景;诺贝尔文学奖得主罗曼·罗兰的《约翰·克利斯朵夫》(1904—1912)和《母与子》(1922—1933)通过几个个体主义者为实现美好的理想与消极势力展开不妥协的斗争,来反映1880年到第二次世界大战爆发法国及欧洲的虚伪、腐败的社会现实;诺贝尔文学奖得主马丁·杜加尔的《蒂博一家》(1922—1940)可以说是第一次世界大战期间的法国社会史;杜阿梅尔的《帕斯齐埃家族史》(1933—1945)反映了1880至1930年长达半世纪的法国社会的风貌, "这部家族史实际上是一部社会史"[3];诺贝尔文学奖得主莫里亚克的20余部(中篇)小说(1913—1969)虽然不以编年史的方式出现,但扎扎实实地再现了几代人的心灵和道德的演变史;稍晚的阿拉贡

---

1 罗新璋选编:《莫洛亚研究》, 第442页, 漓江出版社, 1988年。
2 同上。
3 莱蒙:《大革命以来的法国小说》, 第186页, 阿尔芒·柯兰出版社。

以《现实世界》为总题的五部小说（1933—1954）卷帙浩繁，可以说是1889至1939年半个世纪社会历史和人情风俗的宏伟画幅。

这些属于传统谱系的作家基本上继承了传统的反映论观念，即小说是镜子——时代的镜子，历史的镜子；小说家是见证人——时代的见证人，历史的见证人。读了《夏娃的女儿》，仿佛见到帝国时期的巴黎；读了《悲惨世界》和《巴玛修道院》有关滑铁卢的叙述，仿佛见到滑铁卢战役；读了《萌芽》，仿佛见到第二帝国时期的矿工罢工，等等。他们希望自己的作品也有异曲同工之妙。

但是现代主义作家（也包括一部分现实主义作家）反映论的见证意识淡薄了，他们多以独特的视野来表现自己生活的时代。在发扬现实主义对现实人生实证的分析和解剖的同时，他们着力于对某种形而上的宇宙人生哲学的追求和体验，以自己的作品实践了由现实主义创导者提出却未实现的原则：表现现实世界某些无法表现的部分，无法掂量的部分。他们不像现实主义小说家那样始终把外部世界的面目放在首位。否则怎么理解对共同生活的时代，莫里亚克的"见证"和塞利纳的"见证"是矛盾的、冲突的、格格不入的？蒙泰朗和菇昂多各自的"见证"也大相径庭。谁是谁非？很难下判断，只能说他们都以独特的自我意识，从不同的角度出色地再现了同一个时代，在使生活本质的真实得到充分、丰富、深刻展现的同时，获得自我实现。

文学的价值在于探索人的状况和人的命运。（萨特语）现实主义大师司汤达、巴尔扎克、福楼拜，为后人树立了榜样。不过20世纪的作家，尤其是现代主义作家，更有意识、更深刻地对之加以揭示，更深沉地表现了对世界和对人生的审视。《追忆逝水年华》（1913—1927）中的斯万，《蒂博一家》（1922—1929）中的安德纳和雅克，《伪币制造者》（1926）中的普罗菲唐迪厄，《黛莱丝·戴克茹》（1927）中的黛莱丝，《茫茫黑夜漫游》（1932）中的巴达缪，《人的状况》（1933）中的陈，《恶心》（1938）中的罗康丹，《局外人》(1942)中的默尔索，《奥雷利安》……都是不同程度的现代弗雷德里克（《情感教育》中的主人公），即人生失败主义的后继者，20世纪的世纪病患者，因对荒诞的世界充满忧患而深感前途无望的悲观主义者。

诺贝尔文学奖得主萨特曾多次引用尼采的名言"上帝已死"，也非常欣赏马尔罗在《西方的诱惑》（1926）中提出的"人类已死"的论点，多次提及马尔罗战后不久在一次重大的国际会议上提出的令人深省的问题："当今，我们面前摆着一个需要弄清楚的问题：在欧洲这块古老的土地上，人是否死了。"[1]上帝不存在的假设使人处于窘迫的境况，况且与神学相对抗的人道主义在19世纪的现实主义时代已经受到严重的挑战。深受两次世界大战创伤的欧洲人更感人道主义的传统观念陈腐不堪，进而对大写的人产生了怀疑。马尔罗"人已经死亡"一说确实击中时弊，振聋发聩。人一旦失去了终极的依据、尺度和目的，必然感到"焦虑""恐惧""痛苦"。人不明白来到世上干什么，人不了解人的本质是什么。这样，人的实在，人的地位，人的意识，总之"人"，成了20世纪作家所关注的中心问题。法国小说家纷纷从各种不同的角度来认识、关注并通过作品来形象地表现人的状况、人的价值、人的生死。请看上述九部名著的主人公的命运：

斯万作为艺术鉴赏家，执着地追求艺术和爱情，却因一个不适合他的女人糟蹋了一生；普罗菲唐迪厄反叛传统的规范之后又落入传统的规范收容所——父权的怀抱；黛莱丝在家庭这座"坟墓"里企图摆脱周围"半死不活的人"，结果被逐出家门，流落街头；巴达缪在黑暗中漫游全球却始终见不到隧道尽头的光亮，不得不苟且偷生，坐以待毙；陈信奉行动就是一切的哲学，把恐怖活动视为实现人生价

1　莫尼埃：《马尔罗，加缪，萨特，贝尔那诺斯》，第21页，瑟伊出版社。

值的手段，不顾后果地向死亡冲锋陷阵，是个必然失败的"盲目征服者"；罗康丹在这无秩序的、丑陋的世界里，面对荒诞的、赤裸裸的存在感到惶恐、焦虑、孤独，在恶心和绝望之余，听到轻轻的爵士乐，为忧患意识所驱，似乎觉得应当做点有益的事情，但仍恍在梦境，不知所措；默尔索面对不合理的世界和荒诞的人生，百无聊赖，是个形单影只的局外人，在莫名其妙地犯了死罪之后，在赴刑场前的夜晚受着星光海风的抚摸，"第一次向这个世界的动人的冷漠敞开了心扉"，产生了生的欲望，可惜太晚了；奥雷利安在军队中耗尽青春之后幻想重新生活，但与社会上的一切格格不入，最后成了孤独者和局外人。即使是信奉传统人道主义的马丁·杜加尔，目睹战争的残酷破坏，人间的世态炎凉，人类的道德沦丧，也失去了雨果那种对美好社会的向往和信心，不得不让安德纳医生在幻灭之后被战争夺去了生命。但他毕竟是传统谱系的作家，他让战死沙场的雅克留下遗腹子，借以寄托他迷惘的希望和对未来的憧憬，尽管是非常朦胧的憧憬。

如果说 19 世纪的现实主义真实地揭露了资本主义社会和封建残余势力的阴暗面以及冷酷的现实，那么 20 世纪的小说，无论传统小说还是现代派小说，则真实地揭露了高度发展的资本主义社会的丑恶面和种种异化现象，其深刻性和广泛性绝不比 19 世纪的现实主义逊色。巴尔扎克运用"一个瓶里的许多蜘蛛相互吞蚀"的形象来表现资本主义上升时期的人际关系；塞利纳和萨特则运用"一篮子螃蟹相互踩挤"来表现资本主义高度发达时期的人际关系。从内容到思想，基本上是一脉相承的。如果说 19 世纪现实主义小说已经否定以"善"为中心的世界，那么 20 世纪的小说，无论是传统模式还是现代派，都竞相表现人性的恶和以"恶"为中心的世界了。

另外，20 世纪现代派小说对西方文学永恒的主题之一——"死亡"，有了新的发展。每个人都不能回避死亡的问题，哪怕喟叹宇宙苍茫，深感人生孤独的个体主义者也必须认真对待。19 世纪现实主义已经把"死"的问题放在一个重要的位置上。20 世纪小说，尤其是现代派小说，始终突出个体的死亡，因为"只有在死的面前才知道生"（海德格尔语）。揭示个体的人与他人、社会、环境的矛盾和恶劣的生存条件，从而唤醒对人的境况的忧患意识和危机感，这是区别当代个体主义的人道主义和传统的人道主义的界线。如果说 19 世纪现实主义作家对人生意义的寻求还是停留在含有淡淡惆怅的举目远望的阶段，那么 20 世纪现代主义作家则是在猛力追求了。诺贝尔文学奖得主加缪描绘了西西弗推石的苦役；马尔罗主张行动就是一切，即使是盲目的也好；萨特鼓吹即使失败也要拼命去迎接失败；塞利纳明知黑暗的隧道没有尽头也要坚持走下去。他们深知前景渺茫，道路坎坷，悲观确实悲观，但活着就得奋斗，就得行进，重要的是不能停步不行，直到把自身的热量燃烧完。这就是现代派笔下的生命意义。

二

诚然，巴尔扎克是伟大的。《人间喜剧》的问世标志着传统小说样式的定型和真正确立，巴尔扎克模式把传统的小说艺术发展到了顶峰。20世纪不少作家运用巴尔扎克模式，注进自己生活的时代气息，结合社会的演变，创造了不少优秀的作品。但正如莫洛亚谈起他60年文学生涯时指出的："有一天，莫里亚克说得很对，我们这批作家的特点在于叙述故事，而不是想变革技巧。"[1] "我们这批作家"除了指他们两人外，还有罗曼·罗兰、马丁·杜加尔、杜阿梅尔、于勒·罗曼等传统谱系的人。应当说他们在小说艺术上取得了一定的成就，但没有一个超过巴尔扎克。因为按照巴尔扎克模式进行创作是永远超越不了巴尔

1　《莫洛亚研究》，第442页，版本同前。

扎克的。时代不同了，一代人有一代人的审美观，要求文艺有新的发展。20世纪人的思维活动方式改变了，"思想情感方式"大大不同于19世纪了。现代派的作家意识到，只有打破巴尔扎克模式，才能超越巴尔扎克。

第一次世界大战，俄国革命，欧洲1917至1923年的革命危机，法西斯主义，1929至1933年的巨大的经济危机，第二次世界大战，法西斯集中营，原子弹，冷战，斯大林主义：人道主义幻想的破灭动摇了整个西方文化，欧洲的精神实体受到了严重的摧残。新一代作家中很少出现"纯粹的"小说家。巴尔扎克式的全景小说，即宏观综合性小说让位于微观分析性小说。小说从认识的工具变成意识的工具。塞利纳和萨特已经把小说当作一种诅咒修辞学和心理学的诗情工具。他们对19世纪理想主义道德观的否定和对传统艺术形式的否定是同时提出来的。小说家进入"怀疑的时代"（娜塔丽·萨洛特语），申明不再以人物为中心，不再以故事为中心，而要对存在，对人的状况提出质疑。

人们不再相信，不再喜欢像巴尔扎克那样的"历史家"（即法国社会）的"书记"了，因为巴尔扎克所"反映的现实"是经过他批判的现实，经过他用传统的人道主义精神批判了的现实，这种"现实"无不打上巴尔扎克的印记。《人间喜剧》是一个世界，在这个包罗万象的世界里，应有尽有。惟妙惟肖的人物，栩栩如生的形象，起伏跌宕的情节，闪闪发光的哲理，深沉绵邈的情思，一切的一切，巴尔扎克都为你考虑周到了，安排妥当了，或给你描绘，或给你解释，或给你暗示，或给你诱导，或给你启迪，总之，把故事情节的来龙去脉，人物的行为因果，人物的好坏美丑，包括他们最隐秘的心理深处，毫无遗漏地展现在你的面前。而作者，他无所不在，无所不晓；他控制一切，指挥一切，虽然有时也出现他始料未及的情况，但毕竟是他在牵动各色傀儡人物。而读者只要舒舒服服地径直读下去，快快活活地受感染，潜移默化地受影响。虽不能说读者始终在被动地接受、消极地接受，但确实很难开展积极的主观性思维活动，更不用说补充作品的思维活动了。

现代主义小说继承并大大发展了福楼拜的小说艺术：主体与客体保持距离，对描写的对象表面上采取冷漠的态度，对发生的事情表面上无动于衷，对人物行为的好坏表面上不带任何倾向，用表示测量定位标界的形容词，用感觉器官（尤其视觉）的形容词，用描述的、表现的、确指的形容词，来代替富于感情色彩的形容词。执意不让读者舒舒服服，快快乐乐，给读者留下疑问和空白，使作者和读者处在相同的位置。小说家的创作只是起点，终点则在读者一方。难怪现代派小说家，从普鲁斯特到塞利纳到萨特到加缪到新小说派到新新小说派的索莱斯，开始时无一不受到攻击和冷落。"深奥艰涩"算是比较客气的评价。这里涉及接受美学的问题。传统小说和读者之间业已建立的信任关系对反传统的东西必然产生抵制力，读者不习惯反传统的新视野、新意识、新感受、新形式。其实被后人称为小说大师的作家在当时没有一个旗开得胜的：巴尔扎克惨淡经营，很长一段时间里，其读者远远少于欧仁·苏；司汤达长期受冷落；福楼拜受《包法利夫人》的拖累被告到法庭；左拉被诋毁，简直一无是处。认识有个过程，鉴赏也有个过程。如果说《包法利夫人》触怒了外省资产阶级的道德观念和传统意识，那么普鲁斯特和塞利纳笔下的第一人称"我"的那种自然的、坦诚的自我披露使得许多缺乏自审意识的读者在开始接触时感到难以忍受。

总之，像萨洛特所指出的，"旧小说（以及塑造人物的一切陈旧手法）所设计的人物再也不能容纳今天的心理现实了。这些人物不但不能像过去那样展示这种心理现实，而且会使读者看不见它的存在"[1]。现代派作家几乎不摆什么"灵魂工程师的面孔"去直接教诲读者，而是让读者去独立思考。萨洛特说："对于读者，我们倒是应当说句公

1　柳鸣九编选：《新小说派研究》，第37页，中国社会科学出版社，1986年。

道话，他们其实并不需要耳提面命，多方诱导，才会跟着作者走上一条新的道路。"[1]因此，作者不必要也不可能指出道路，因为根本就没有现成的道路，应当让读者自己去寻找。（萨特语）

在这里，司汤达式的英雄，巴尔扎克式的人物消失了；人的伟大形象消失了。我们知道，传统小说中主人公的形象大多是正面的，完整的，具体的；传统人道主义取代神灵之后，人物被英雄化了，成了物质世界和精神世界的主宰。现代派小说的人物由于无法摆脱孤独感和被遗弃感，其形象不再是社会生活中有个性的、生动的、具体的人，不再具备人的崇高地位和历史作用，变得不完整，变得畸形，变得荒诞，一句话，是病态的。"病态的时代，病态的语言，病态的性欲，病态的举止，病态的生活，病态的意识……显然不应该把这些看作是对原罪的一种模糊的讽喻或是某种形而上的哀叹。这关系到每日每时的生活和对世界的直接体验。……这就是说，在我们的现代社会中，任何东西都是不自然的。"[2]病态的社会导致病态的人物心态：人际关系的冷漠感，生涯落魄的孤独感，人生命运的灾难感。在人与物这一对矛盾中，物的创造者主宰不了物，

1　《新小说派研究》，第 37 页，版本同前。

2　罗伯-葛利叶：《新小说倡议书》，第 81 页，午夜出版社，1963 年。

反而被物主宰，成为物的奴隶。因此，现代派小说，尤其是新小说，推倒了传统小说的人物中心论，从理论到实践把注意力从人转到物。"让物件和姿态首先以它们的存在去发生作用，让它们的存在凌驾于企图把它们归入任何体系的理论阐述之上，不管是感伤的社会学，弗洛伊德主义，还是形而上学的体系。"[1]

罗伯-葛利叶在谈到有关传统小说艺术的几个过时概念时指出："其实，传统意义的人物创造者只能给我们提供连他们自己也不相信的傀儡。人物小说完全属于过去，它曾标志一个时代，即标志个体至上的时代。……对我们来说，世界的命运已经中止与几个人物、几个家庭的沉浮兴衰相关联。世界本身不再是一种私有财产、世袭遗产和可变财产。享有门第，在巴尔扎克式的资产阶级时代兴许是非常重要的。而今我们的时代虽不怎么自信，却比较有节制，因为它否定了个人的万能，但也更雄心勃勃，因为它高瞻远瞩。专一的对'人'的崇拜让位于一种更为广博的意识，即一种较弱的人类中心论的意识。小说显得动摇了，因为失去了昔日最好的支架：主人公。它之所以站不住脚，因为它的生命是与一个现时已过时的社会生活联系

---

[1] 《新小说派研究》，第63页，版本同前。

在一起的。相反，要是用新发现的手段去开辟新的道路，那么小说还能站得住脚。"[1]个人主义英雄创造时势的时代一去不复返，几个人或家庭的沉浮兴衰无碍于社会的发展。

萨特指出："当今资本主义的经济生活变得错综复杂，技术官僚深入到资本主义各个领域。财产拥有者的职能和管理者的职能分开了，个人权力，或者确切地说，个人权力的基础消失了。"[2]在资本主义社会里，随着以科学技术为中心的生产力高度发展和文化的迅速演变，以消费为象征的物的世界把人团团包围，使个人丧失威力，使个性遭到扼杀。表现物化世界的小说，如罗伯-葛利叶的《橡皮》，着重强调了外部的力量对人的作用。又如，《局外人》中那个著名的杀人场景，默尔索在烈日当空、热气逼人的沙滩上，被一个阿拉伯老人手中刀的闪光刺激了视觉，莫名其妙地开枪打死了人。纪德笔下的拉夫卡迪奥在从罗马开往那不勒斯的火车上偶然地，无缘无故地把一个不相识的人推下车。死亡者身上有六千法郎，足见这是"无目的行为"。

20 世纪现代派小说越来越背离传统小说艺术的定义，情节也越来越淡化，甚至到了没有情节的程度（如新小说），

1　罗伯-葛利叶：《关于几个过时的概念》，见《新小说倡议书》，第28页。
2　《萨特戏剧集》，第1000页，人民文学出版社，1985年。

失去了传统的"小说情趣",成为没有小说味道的小说,即"反小说"。"反小说"这个名称首先由萨特在为娜塔丽·萨洛特的《陌生人的肖像》(1948)作序时提出,他开宗明义地写道:"我们的文学时代最为奇异的特点之一,就是到处涌现富有生命力的和非常否定性的作品,不妨称之为反小说吧。"[1]所谓反小说,用萨特的话来说,就是"小说自己否定自己"[2]。这适合于所有的现代派小说。那么什么是传统意义上的小说呢?权威的拉罗兹词典为小说这个条目下过一个定义:"现今的小说是想象的作品,用散文叙述虚构的奇遇故事。"传统小说有一定的框形结构:以鱼贯式的层次,大故事套小故事的形式,来反映现实生活;虚构的故事有头有尾,基本上线性铺展,时空观念十分清楚。现代派小说的主题则不明确,甚至没有主题,淡化的情节具有相对的独立性,许多细节的描写与故事线索无关,画面或场景往往脱离主线横向扩展增生,往往把故事的主轴给淹没了。在小说铺展中,叙述的功能减退,描写的功能加强,因此人与物的静态大大多于动态。

莫洛亚认为普鲁斯特和诺贝尔文学奖得主纪德最先偏离法国古典传统,是文学上的革新作家,即现代派小说的

1　萨特:《情境种种》第四集,第9页,伽利玛出版社,1964年。
2　同上。

开创者。他写道:"纪德在《伪币制造者》,尤其是普鲁斯特在《追忆逝水年华》里,角度才开始改变。"[1]在他看来,普鲁斯特的小说排除作者的感情,以流动不居来取代古典程式,打破了时间的顺序和空间的界限,故事无始无终,似完非完,多层次、多角度、多变化地让意识在心理时间和空间里自由流动。这里,形象与意识交融,画面或场景随着意识而迁移、转换,或人在景中意识却在景外驰骋,形成了意识流效应。纪德在《伪币制造者》中创造性地发展了福楼拜提出的抒写"生活的某个横切面"的主张,不再以编年史的形式抒写人物、家庭、社会,而是摄取生活的一个侧面,深入挖掘,同时抒写几个人物在相同时间里的活动,画中套画,景中生景。《伪币制造者》并不是作者纪德写的小说名称,而是小说中的一个人物正在写的一部小说的名称。这样,小说套小说,形成纪德说的"无底洞式的连环构架",亦称"纹心结构"。

这种同步的,或交错的、多方位的描写,在后来的现代派小说中发展起来。譬如,萨特《自由之路》的第二部《缓期》深受美国作家达索帕索斯的影响大量采用同步描写,有时竟同时描写一二十处发生的事情。这种镜头快速转换

---

1 《莫洛亚研究》,第 442 页,版本同前。

的场景描写在现代派小说中普遍得到运用。其实在电影艺术出现40多年之前发表的《包法利夫人》中，已经出现同步描写的端倪，那个著名的农展会的场面接连跳出八九个人的画像，很像电影中短促快速替换的特写镜头；另外还出现了同步对话，众人杂乱的话语，都被毫不连贯地记录了下来。至于结构松散的《情感教育》，全书可以说是细节的串联，好似不同时间和地点拍摄的相片：访问，聚会，游行，演说，斗殴，舞会，散步，偷情，旅行……这些交替出现的场景再现了平日的生活，反复而又琐细。

现代派小说把福楼拜内容丰富、枝枝蔓蔓的画片式小说推得更远，罗伯-葛利叶的电影小说《去年在马里安巴》（1961）就是一个杰出的例子。这里，描写似乎就是小说的主体乃至本身：一切通过一幅幅画像来表现人物和景物，旁白甚少，叙述更少，描写接着描写；一切时断时续，若隐若现，反反复复，绵延交错。画面常常是移动的，跳跃的，画面之间往往没有承上启下的过渡语言，使人感到突然；章节之间，段落之间，词句之间有无数个大大小小的空白。小说被电影化了。作者在《未来小说的道路》一文中指出："电影本身也是心理学和自然主义传统的另一个继承者，它的唯一目的，十中有九，是把故事转为形象，它专心一致地谋求通过精选的场景，把书本上通过词句从从容容传达给读者的意义直接浮现在观众眼前。"[1] 让读者自己探索，自己寻找答案，直接参加文艺创作活动。

在这类一连串的描写中，细节的真实至关重要。萨洛特说："真实的小事儿与虚构的故事相比，确实具有极大的优势。首先因为它是真实的。"[2] 细节的真实之所以重要，因为它可以使虚构的故事显得真有其事。福楼拜说过，一切伟大的作品都应是百科全书式的，作者要有极其丰富的知识，甚至应当无所不晓。他在 1854 年 4 月 7 日的信中写道："我正在研究畸形足。"当时他正在创作《包法利夫人》，爱玛·包法利可以虚构，畸形足的手术绝不可虚构。在这方面，不管传统的作品和现代派作品之间内容、形式、风格有多么大的不同，小说家在下笔创作之前都要进行一番考察甚至实地访问，这一点是共同的。福楼拜在写《情感教育》时，发疯似的查阅 1848 年革命的资料，两周内通读 27 卷，并做了笔记，连从巴黎到枫丹白露的路线图都搞得一清二楚。尤瑟纳尔在写《哈德良回忆录》（1951）和《苦炼》（1968）以前绝不比福楼拜在写《萨朗波》以前所查阅的资料要少。《劫后余生》（1970）的作者巴赞和《幽会的房子》（1965）的作者罗伯-葛利叶分别事先

---

1 《新小说派研究》，第 62 页，版本同前。

2 萨洛特：《怀疑的时代》，第 81 页，思想丛书，伽利玛出版社，1956 年。

去故事的发生地特里斯坦-达库尼亚群岛和中国香港进行实地考察。普鲁斯特对细节真实的重视尤为突出。他力求不出任何细节上的差错，他与园艺师、裁缝匠、药剂师、天文工作者、纹章学家等经常保持联系；为了搞清楚某些植物的性能，专门研读过达尔文的《植物的运动功能》。

由于现代小说家讨厌情节离奇的虚伪，装腔作势的想象力，更讨厌胡编乱造，他们就在创作上顺应读者的要求，尽量使小说富有真实感、可信性。这样，自传体小说、日记体小说、手稿式小说等以第一人称写作的小说应运而生，尤其在现代派作品中屡见不鲜。

譬如，纪德的《妇女学堂》（1930）是这样开始的："先生（指加斯通·伽利玛）：几经犹豫之后，我决定寄上我母亲留下的几本日记的打字文本……如果您认为这些篇章对年轻的妇女读者有所裨益的话，请尽管发表好了。"短短两句话使人对这本书的真实性确信不疑：把自己亲生母亲的日记拿出来发表非同小可，女人家写日记并不想发表，记的多为隐事，所以绝对真诚、可靠；这部日记一定非常有意思，因为是德高望重的、饮誉全球的纪德推荐给伽利玛发表的。但纪德觉得还不够叫人放心，故意加上一句："我万万没想到埃芙莉娜写得这么好。"既然是日记，当然是用第一人称写的。"现在，小说的主要问题在于从读者那里收回他旧有的贮存，尽一切可能把他吸引到作者的世界中来。为了达到这个目的，把第一人称的'我'作为小说的主人公，是既有效又方便的方法。无疑也是出于这个原因，小说家经常采用这种写作方法。"[1]

20世纪自传体小说在荣获成功的作品中占很大的比例。"我"成了真实性的代名词。第三人称的小说，在主人公和读者之间有一个中间人：小说家。透过《人间喜剧》，读者看到的是巴尔扎克的面貌，听到的是巴尔扎克的声音，感到的是巴尔扎克的气质，总之，面对的是巴尔扎克这位巨人。现在"我"把这个中间人取消了，直接向读者讲述自己的经历，可信的程度自然增强了。萨洛特指出，在第一人称的小说里，"我"的主导作用不断提醒人们"我"的所见所闻、所作所为是确信无疑的。（《怀疑的时代》）

小说中运用第一人称"我"本是出于现实主义的一种考虑。但"我"是谁？在传统小说中，多半是明确的，即作者本人。《伊尔的美神》（1837）的叙述者"我"就是梅里美本人，小说便是国家历史古迹巡视员的自述；《嘉尔曼》（1845）中的"我"已不再是主人公或见证人了，"我"是介绍者，故事员。这很像《曼侬·莱斯戈》（1731）

1 《新小说派研究》，第39页，版本同前。

的作者普莱服神父和《保尔和维吉妮》（1787）的作者圣-比埃尔，他们偶尔遇见一个人，这个人给他们讲了一个有趣的故事，值得笔录下来，以飨读者，并且声明其真实性。普莱服神父写道："我要提请读者注意，我听了他的叙述之后，当即就把他的经历记了下来。因此，读者尽可相信，本书做到了完全准确和忠实。我所说的忠实，甚至包括不幸的年轻人发自内心的感慨和叹喟，我都照录不爽。下面是他的自述，从头至尾，我没有掺杂任何东西。"[1] 这里作者"我"让位于当事人"我"，以增强其可信性。

现代派小说中的"我"，一般仿佛蒙着一层面纱，似"我"非"我"。《追忆逝水年华》中的"我"，时而是参与者，时而是叙述者，而且若隐若现，如《斯万的爱情》一节中"我"的活动完全消失了。读者一时摸不清"我"姓甚名谁，从蛛丝马迹中得知"我"名叫马塞尔，正好与普鲁斯特的名字相同，使人猜想"我"就是作者本人，但在一个非常不起眼的地方偶尔出现"我"的父亲是某国务部门的办公室主任，因为始终不露家姓，所以好像"我"又不是作者本人。另一种情况是主人公"我"的姓名、职业、经历，与作者明显不同，如萨特的《恶心》和加缪的《局外人》，但读

---

1 《法国中篇小说选》上册，第279页，人民文学出版社，1988年。

者感兴趣的不再是故事的情节和人物的命运，而是通过作品了解萨特的存在哲学和加缪的荒诞哲学。还有一种情况，如费迪南·塞利纳的八部小说，全是自传体小说。主人公"我"除了在第一部小说《茫茫黑夜漫游》中叫巴达缪外，其余七部的"我"统统叫"费迪南"或"塞利纳"。从《茫茫黑夜漫游》到《轻快舞》（1969），主人公的活动轨迹基本上与作者的经历相符，从职业到社会活动到日常生活到居住地点基本上相差不大。许多读者信以为真，闹出许多误会、曲解、怨恨，至今还有不少疑团没有消除。塞利纳本人对误解偶尔破口大骂一通，但一般不予置评：反正大作家的地位得到公认，目的达到了。塞利纳的例子是独一无二的，但也说明他把第一人称"我"用得出神入化了。

　　这里，第一人称"我"之所以经常以假假真真的形式出现，之所以不能像传统小说中的"我"那样名正言顺，是因为时代不同了。阿拉贡指出："20世纪现实主义的一个大难题：由于外部的审查而受到限制或作家自我限制，在本世纪六七十年代，我们不便于写自己熟悉的、认识的、经历的事情，这便是现实主义内在的困难。有时我寻思还需要多长时间才能克服这些现象。未来的现实主义者为了讲真话可能越来越要善于说谎。"[1]由于现实过于严峻，小说家不得不通过假假真真的手法按自己的愿望打扮自己，借以造成幻觉，减轻不能获得自己、抓不住自己的本质所引起的痛苦。

在艺术技巧方面，由于第一人称往往与"现在"相联系，其时间概念不同于传统小说。传统小说虽然也出现倒叙或时间交替，也有用第一人称的（相对来说，数量少得多），但基本上采用有序时间、线性时间，即人们日常生活中的时间。现代派小说往往采用柏格森的心理时间，作品人物的意识活动可绵延可浓缩，可加快可消融，可单线可复线，可有序可无序，可停滞可跳跃。过去、现在、将来，互相交替，互相渗透，貌似杂乱无章，疑云团团，实际上乱中有序，云过天蓝。从普鲁斯特的意识流小说《追忆逝水年华》到布托尔的新小说《变》（1957），直至索莱斯的新新小说《娘儿们》（1983），都大量运用心理时间提供的方便来表现人物的意识和行为。这几乎成了现代派小说的一个共同的特点，应当说它大大发展和丰富了传统小说艺术的表现手法。

有的作家甚至不满足于第一人称"我"引起的读者参

1　《阿拉贡研究》，第491页。

与意识，有时代之以"你"。布托尔的著名小说《变》就是一例。小说劈头第一句"你把左脚踩在门槛的铜凹槽上"，接着下来一连二十几个"你"的动作和状态，到第六段的末尾才出现"他"。这样，读者一下子进入人物，仿佛成了小说的主人公或至少与主人公同舟共济，产生了强烈的参与意识。这种"你"，以咄咄逼人的节奏向主人公即读者提出抽象又玄妙的疑问：你来自何方？你此去何处？你想干什么？等等。最后乘坐火车去罗马的主人公经过回忆和思考似乎明白了他所爱的并不是他的情妇，而是她居住的那座奇妙的城市。既然如此，跟她同居肯定不会幸福，所以毅然返回巴黎。然而作者并没有告诉我们主人公的决定是对是错，他的抉择是好是坏，而是让读者自己去评论。新鲜的是，布托尔说："《变》是对一个人讲述他自己的故事。"[1]以前的小说一向讲他人的或自己的故事，这里讲"你"的故事，因此一切都翻了个个儿，原先作为内心的、内在的、主体的东西，如今变成外部的、外在的、客体的东西。"传统上相爱的男女主人公变成这个无所不包的世界的一种感觉效果。"[2]

因此，似"我"非"我"，似"你"非"你"，这种

---

1 《新小说派研究》，第521页，版本同前。
2 同上。

人物形象在现代派小说中成为某种共性的抽象或观念的象征，也仿佛是某种社会情绪的体现或某个阶层的人格化或某种类型人物的畸形化，概括地说，是人的某种原型化。总之，第一人称"我"和第二人称"你"无一例外地在揭露现实的同时也剖析主人公自己，强烈地体现了作者的自审意识。

三

在论述法国 20 世纪文学中的现实主义问题时，我们不能回避长达三四十年之久的两种名称相近但实质迥异的文学现象和思潮：无产阶级文学和革命的无产阶级文学，即社会主义现实主义文学。

三四十年代，法共作家和批评家跟其他左翼文艺界人士关于现实主义问题进行了争论，论题主要围绕两个问题：对现实主义文学的态度和对批判现实主义的评价。他们把 20 世纪其他左翼的现实主义文学（主要是小说）一概斥之为"自然主义"，几乎全盘否定。对所谓批判现实主义的评价主要依据高尔基那两段有名的论断。这是我们大家都熟悉的。为了论述方便，不妨再引录如下：

"资产阶级的'浪子'的现实主义，是批判的现实主义。

这个主义除了揭发社会的恶习，描写家族传统、宗教教条和法规压制下的个人的'生活和冒险'外，它不能给人指出一条出路，它很容易安于现状，但除了肯定社会生活以及'一般生存'显然是无意义的以外，它没有肯定任何事物。"

"批判的现实主义是作为'多余的人'的个人创作而产生的，这些人不能为生活而斗争，在生活中找不到自己的地位，而且或多或少明确地意识到个人存在的无目的，于是把这种无目的只是了解为一切社会生活现象和一切历史过程的无意义。"

这两段话虽然对资产阶级的"浪子"给了一定的肯定，但主要是指出他们的不足，即局限性。尽管司汤达、巴尔扎克这些"浪子"有较高的艺术成就，但他们不能指出一条出路。所以，阿拉贡等人提出文学的倾向性应当由暴露转向歌颂，文学作品"不是酷似生活，而是比生活更高、更好、更美的东西"；仅仅描写现实的"实际怎样"已永远不够，而且要展示现实"应当怎样"，指出美好的未来。为此，他们批评众多的现实主义和以萨特为首的存在主义者以及其他现代主义者对前途丧失信心，悲观失望。阿拉贡指出："它（社会主义现实主义）的目的在于：批判是为了更好地干，而不是泄气。"[1] "它（社会主义现实主义）因为具有人们所要求的典型形象，而且这些形象是改造现实的英雄和人物，所以可以以从现实出发创造未来的精神教育人们，改造人们。"[2]

萨特的存在主义文学虽然名噪一时，蜚声文坛，但法共的文艺力量更加强大，数以百计的小说家、批评家、理论家出版了大量的小说，发表了大量的文艺论文，人多势众，蔚为大观。其中享有殊荣的当推法共作家安德烈·斯蒂，他是斯大林文学奖的得主，被苏联人誉为法国20世纪最伟大的作家之一。他的论文集《向着社会主义现实主义》虽然基本上是日丹诺夫理论的翻版，却被视为法国社会主义现实主义理论的经典。他的小说《第一次打击》三部曲（1951—1953）被捧为法国社会主义现实主义的典范。全书贯穿着两个阶级、两个阵营的殊死搏斗：一方是资本家，无耻的军火商，为美国人的利益效命，是出卖祖国利益的叛徒；另一方是法共领导下的法国人民，他们为争取国家的自由和独立而斗争。以共产党员勒鲁瓦为首的党支部领导码头工人同反动的资本家斗争，码头工人在斗争中提高了政治觉悟，取得了斗争的胜利。在他们的榜样的感召下，

1　《新小说派研究》，第641—642页，版本同前。

2　同上。

全国的工人紧紧团结在法共周围，看到了美好的未来。勒鲁瓦聪明能干，关心同志，在斗争中百折不挠，始终以高昂的共产主义精神鼓舞群众，坚信党的事业、人民的事业必胜，坚信资本主义、帝国主义行将灭亡，指日可待。显而易见，这部长篇小说是在明确的目的、意识和观念指导下创作的，根据政治的需要和政策的概念来裁剪生活，编织故事，带着强烈的幻想来抒写乐观主义和无产阶级英雄主义的情怀。

话说回来，法共作家们的小说在发表的当时当地对鼓舞群众、教育人民、激励民众同资产阶级右翼反动派和法西斯主义斗争多少起过一些积极的作用，也出现了一些优秀的作品，譬如，巴比塞的《火线》（1916），瓦扬-古居里埃的《士兵的战争》（1919），让-布洛克的《西班牙！西班牙！》（1936）等。但这些大多是他们前期的作品，基本上属于传统的现实主义范畴。他们后期的作品一般都不太成功。像斯蒂那样按社会主义现实主义原则创作的作品现已被广大读者遗忘了，连文学史家和研究人员也很少光顾。因为，且不说艺术价值，恐怕作为历史见证、参考资料的价值也不太高。如此看来，从苏联舶来的社会主义现实主义确实不符合法国的国情。

阿拉贡的情况特殊。阿拉贡现象是个非常复杂的现象。

他身为法共文艺战线的代表和发言人长达 20 年之久，总的说来，执行的是一条错误的文艺路线。但他在进行小说创作时却完全成了另一个人，把自己鼓吹的文艺理论抛置脑后，充分表现出自我意识，保持着主体性。他的小说除了不成功的《共产党员》（1949—1951），根本看不出日丹诺夫文艺思想的影响，有的甚至与之格格不入。莫洛亚对他有个评价："当时各种文学潮流像云块的影子，掠过法国文坛的上空。原先习惯于从理性的角度看待因果关系，达达派、超现实主义，在打破过分强调理性因素这点上，很有实效。阿拉贡如果不入乎超现实主义，后来又出乎超现实主义，就不能成其为大作家。"[1]大概正是超现实主义和现实主义不断发生冲突，才使他成为大作家的吧。

那么无产者作家的命运如何呢？以布拉耶为首的无产者作家集团创办的《文学新世纪》至今只过去半个多世纪，但他们的作品已经很少有人问津，也很难找到。出身下层、背离布拉耶唯成分论的季奥诺、塞利纳、加缪，倒成了 20 世纪的大作家。布拉耶本人的名字只在文学史家的笔下偶尔出现，在大学的文学史课上偶尔提起。有人觉得这太不公平了，热心者挺身而出，力图保存这份文学遗产。

---

[1] 《莫洛亚研究》，第 444—445 页，版本同前。

1974 年阿尔班·米歇尔出版社出版了米歇尔·拉贡编著的《法国无产阶级文学史》，颇受人们的重视；斯托克出版社随后抛出《无产阶级文库小丛书》，首先再版了埃米尔·日约曼的《一个普通人的生活》（1979），布拉耶的《每日的面包》（1980）和四卷自传。这些作品朴实、粗犷、单纯，是二三十年代他们那批人的代表作品。它们的再版理应为当时喧哗的，混浊的，不知去向的文坛注进一股清新的气息，遗憾的是，书卖不出去。出版社赔本太大，出版计划不得不中止。布拉耶所推崇的路易·纳济、玛格丽特·奥杜、内埃尔·多夫的作品未能再版，第二次大战后出生的读者也许不知道他们的名字。《法国无产阶级文学史》非常推崇的两位现今还有点名气的作家——《劳动》（1945）的作者若日·纳韦尔和《艾莉丝或真正的生活》（1967）的作者克莱尔·埃切勒利，他们在会见笔者时，带着几分恼火的口气坚决否认自己的作品属于无产阶级文学范畴。他们分别都说，您看，我的作品已进入《福利欧白皮小丛书》，这是为全体人民而写的，没有阶级属性。在我们看来非常光荣的称号，作者本人却觉得"并不光彩"，这似乎令人费解，但也令人深思。

　　绝大多数法共作家和批评家以及其他马克思主义文艺家和学者，在斯大林主义的黑幕逐渐被揭露以后，特别在

1956年匈牙利事件以后，很少有人再提及社会主义现实主义和革命的无产阶级文学了。我们知道，苏联官方的文艺评论家，西方共产党正统的文艺评论家，西方马克思主义文艺评论家，包括较有独立人格和较为开放的卢卡契，从30年代初到50年代末的长达30年间，对法国传统的现实主义始终持批判的态度。他们对现代主义文学持更加严厉的批判态度，甚至持全盘否定的态度，到50年代末期才开始"宽容"。卢卡契也不例外，他从30年代的《表现主义的兴衰》和《现实主义辨》到50年代的《现实主义的意识形态》，始终对西方20世纪最伟大的作家之一卡夫卡持严厉的批判立场，直到50年代末的《批判现实主义的当今意义》才开始松动，说可以把卡夫卡看作当代"重要的现实主义作家"。

通过以上的分析和阐述，我们不难看出，一方面，尽管现实主义作为一个强大的艺术流派，在20世纪的法国文坛上已不复存在，但是它作为人类的一种基本的创作方法，作为人类艺术地把握世界的方式，仍然得到了承继；另一方面，这种承继又不是一种简单的因袭和照搬。随着20世纪社会历史的突飞猛进，以及随之出现的人类审美意识的拓展变更，现实主义在新的历史条件下，不断获得新的内涵和意蕴，不断获得长足的发展乃至超越。也许正因为这种继承和发展的文学运动轨迹，光辉灿烂的法兰西文学才能源远流长，永葆青春，始终在世界文学之林独树一帜。

1989年深秋于北京

2020年初春修订

代译序

包法利夫人就是我

沈志明

　　福楼拜书简浩如烟海，可以说是一座宝库，来往书简有成百上千万字。福楼拜的亲笔书信就占"七星文库"四卷，从 1830 年至 1880 年，时间跨度长达半个世纪，又逢法国处于大动荡、大变革、大发展、大扩张的时代；再从书信的内容来讲，无论是政治大事件、社会大变动，还是宗教信仰、道德规范、生活方式、风俗习惯、文学艺术等，均有涉及，其广度和深度，都是绝无仅有的，具有极大的参考价值，为研究这个历史时期的政治、思想、经济、文化、习俗、文学、艺术，提供了丰富的资料。比如，让-保尔·萨特的鸿篇巨制《家庭的白痴》，几乎完全取材于福楼拜的书信及著作。相信"存在决定意识"的萨特，用自己的存在哲学思想为福楼拜做了一次彻底的心理解剖和精神分析。再如，法国传记作家特罗亚所著的《不朽作家福楼拜》[1]，引用福楼拜亲笔书信多达 602 处，有时一处包括几个小段。这些引用占全书引语 95% 以上，占全书篇幅的 1/3 以上。可以说，这部书是他以书信为依据，结合对福楼拜作品的诠释和分析写成的。

本书中的文学书信，只选与福楼拜文学创作密切相关的部分，主要目的是揭示深深隐藏在作品人物背后的作者福楼拜，期望更好地了解在其作品中的另一个福楼拜。我们知道，只比福楼拜年长一百多岁的曹雪芹，除了给后世留下一部残缺不全的《红楼梦》，文章、书信、手稿及其他手迹什么也没留下，给研究《红楼梦》及其作者的学者专家带来许多困难。举这个例子，是想说《红楼梦》的作者也是隐身在小说人物背后的，也是不站出来臧否人物作为的。相比之下，《包法利夫人》《情感教育》《萨朗波》的作者福楼拜却不仅为后人留下全部著作和手稿，而且留下几乎完整无缺的原始书信，还不算其他手迹，这为法国文学研究者提供了极大的方便。

---

1 亨利·特罗亚（Henri Troyat）著，罗新璋译，世界知识出版社，2001 年。本文所引用的书信内容，皆出自罗先生的译笔大作，不再一一注明。

小说家福楼拜和书简作者福楼拜表面上判若两人，实质上则是一个福楼拜的两面，一个作家的双重性格。他的文学艺术原则是："按我的艺术理想，我认为，作家不该表露自己的信念；艺术家在自己的作品里，就像上帝在自然界一样不露面。"（1875年12月20日函）所以，他写小说一概用第三人称，作者绝对不露声色，对人物不偏不倚，不置臧否，把平平常常的事情描述得贴切而扼要，可谓言简意赅，透着钻石般晶莹的风格。然而，他写书信则随情任意，直抒胸怀，从不掩饰，畅所欲言，喜怒哀乐溢于言表；其行文畅晓，运笔如飞，或顾盼自雄，或垂头丧气，或自我陶醉，或自我解愁，好像故意自我暴露，自我解剖。福楼拜一生享有"独立不羁"的美名，承认自己是个怪物，集各种矛盾于一身。本文试图通过福楼拜书信，揭示他生命中几个方面所表现出来的双重性格。

　　所谓福楼拜的双重性格，一言以蔽之，"包法利夫人就是我"，此语最具有概括性和典型性。

　　我们知道，《包法利夫人》是一本"人情礼俗的书"。福楼拜用了四年半的时间才写成，劳累不堪，精疲力竭，几乎快"神经错乱"了，用他自己的话来说："深切感到这个小女人所感到的惨痛，我都害怕自己不要也神经错乱。"（1852年12月22日函）就像"男人干好事，亢奋之后的疲软……男人女人合为一体，我既是情人又是情妇"（同上）。可是作者偏偏要自己难为自己，"不徒巧其辞，不容发议论，作者的个性则缺席"（1852年1月30日函）。所以要求自己不沾丝毫的抒情笔调，"要让读者读到一种他想象不到的语言"（1858年10月中旬函），要让包法利夫人处在自己的处境，"对困境和丑恶有穷形尽相的描写"（1852年1月30日函），就是让女主人公跟自己一样，处在资产阶级中而嫌恶资产阶级，让读者感受到她代表着作者骨髓里脱离不开的那种资产阶级习气。在这样的指导思想下写出的作品是真实的，但作者偏偏信誓旦旦地说"一切都是杜撰的"，后来掩饰不过去了，便改说，"请相信，虚构也有真实……我可怜的包法利夫人，无疑就在此刻，就在法国二十个村庄里，同时在受苦在哭泣"（1853年8月14日函）。所以，小女子爱玛有着与作者一样的神经质，一样的狂热、幻想、苦恼、任性、多变等。爱玛，也跟他一样渴望美妙的爱情、美好的生活，深隐在庸俗生活中向往着理想的灵魂，为面临不可回避的平庸现实而痛苦不堪。毋庸置疑，"包法利夫人就是我"，当然应出自福楼拜本人，而且为世人公认了。

然而，笔者查考了不知多少年，翻遍已出版的福楼拜书简，阅览研究福楼拜的论著和传记，都没有找到这句话的出处。所幸，前几年偶然发现伽利玛出版社推出的《文学新发现丛书》中的《福楼拜——笔杆子》（2002），便买下来，读到第三章的一个诠释，一位批评家说："应当相信福楼拜向女记者阿梅莉·鲍斯盖说的私房话：'包法利夫人，就是我，就是模仿我的！'"真是喜出望外，总算找到个出处。

其实，"包法利夫人就是我"是不是福楼拜的原话，并非十分重要，重要的是这句话高度概括了作者与作品之间的关系，具体地说就是福楼拜的作品与书信的关系。当《包法利夫人》还在刚出版不久后的一片谩骂声中时，独具只眼的波德莱尔出语惊人："一个外省的小姘妇冷不防引发了一个小小的奇迹。"后来法国评论家于勒·德·戈尔蒂埃（1858—1942）根据这句话，提出了著名的包法利主义，将这种行为提升到理论高度，上升为一种普遍的真理。他认为，世人倾向于用想象的生活使自己的生活双重化，倾向于中止自己现实的人生而成为自己所设想的人、所期望的人。人永远需要设想自己是另一个人，不断向自己说谎。

反正，福楼拜确实是这样一个人，我们将从以下几个方面来论证他的双重性格。

一、情爱和性爱的双重性

福楼拜和波德莱尔是两个心心相印、惺惺相惜的朋友，他们对待情爱和性爱的问题，虽然彼此并不知底细，但有着惊人的相似。波德莱尔把他们的相同点高度概括为一种模式："任何人在任何时候都同时具有两种祈求：一种向往上帝，另一种向往撒旦。祈求上帝或神灵是向上的愿望；祈求撒旦或兽性是向下的喜悦。"[1] 波德莱尔一直暗恋着玛丽·多布兰，并把萨巴蒂埃夫人奉为自己的诗神和女神，将自己精神向上的愿望寄托在她们身上，发展一场柏拉图式的恋情。他把黑色维纳斯——雅娜·杜瓦尔视为发泄肉欲的工具，无视她的粗俗、贪婪和欺骗。两人常常吵架闹翻，这时他便去找妓女，但他与具有异国情调的雅娜终生相守。

居斯塔夫在上中学的时候，就跟几个朋友一起议论性感的女生，污言秽语，不知羞耻。但在粗言俗语取笑女生的同时，他们也在一起顶礼膜拜想象中的女性，他每每想到理想的女性，心里怦怦直跳。所谓理想女性，就是可望而不可即，崇高之至，能把他拴住的女性，即纯柏拉图式的恋情："柏拉图式之爱情，犹如晚霞之于当空丽日。"

1　《波德莱尔全集》第一卷，618页，伽利玛出版社"七星文库"版。

居斯塔夫刚 15 岁，就暗恋上 26 岁的已婚女子艾丽莎·斯莱辛格，他一见钟情，觉得她美丽、优雅、大方，深感自己渺小无谓、无所作为，认定艾丽莎是他毕生的女人。然而艾丽莎自己并不知道，况且从世俗眼光来看，她并不值得爱慕。后来，福楼拜去巴黎小住时，经常去艾丽莎家，他们相对而坐，他数小时凝视女主人的花容月貌，把偶像高高托起，不敢造次，担心幻想消失。艾丽莎早有感觉，但强忍冲动。双方始终抑制炎炎欲火，从未做出轨的事。

福楼拜更多的是追求另一类女人，举个最典型的例子。1840 年 8 月居斯塔夫 19 岁，刚通过中学毕业会考，踌躇满志，获准去法国南部地中海沿岸旅游。他年轻英俊，身高 1.83 米，虎背熊腰而面目清秀，留着淡淡的黄色鬓须。到马赛后下榻一家旅馆，老板娘的女儿虽已 35 岁，却姿色依旧，性感十足，名叫欧拉莉·福珂。她经验丰富，一眼看出他是个童男，转眼间成了他第一个女人。如狼似虎的女人使他兴奋到极点，这是他所需的尤物。他感激这个浪荡的女人，开导他领略肉体的快乐，导致他依恋良辰美事，不禁流连忘返。但他很快挡住了这个女子放任的进扰，毅然决然离开，因为文学创作等着他回去埋头苦干。几年后的中东之旅中，遇到跳肚皮舞的舞妓，他神魂颠倒，放浪形骸，在整个旅途中，出没于妓院，得了梅毒仍不罢休。

总之，欧拉莉是他享受肉欲的化身，而艾丽莎则是他理想之爱的象征。前者触手可及，可随意发泄取乐，后者则飘飘似仙，让他梦寐以求，心驰神往。这两类女人在他一辈子的性生活和小说创作中是平分秋色的。

　　福楼拜一生中还有一个更重要的女人，叫鲁伊丝·高莱，他们结合的时间最久，通信最多，矛盾也最大，福楼拜的双重性格在与她的交往中表现得最为充分。1846年7月末，福楼拜25岁，巧遇36岁的鲁伊丝·高莱。两次离异的女诗人很为自己被公认的才华而自豪，她丰姿艳韵，亮丽抢眼，大胆泼辣，藐视舆论。柯瓦塞的隐士、乡下来的新秀哪能顶得住这么一个尤物的引诱，尤见她作诗随兴而来，易同呼吸。终于，他被她的才华和玉体慑服了。床事中，她又大胆又疯癫，使他刻骨铭心。但很快他就顶不住这种排山倒海般的性欲了，每每跟她蜂狂蝶浪之后，就赶紧逃回自己柯瓦塞的避风港。他越来越感到，他俩只有在床上是一致的，其余则截然相反：她视情爱和性爱不可分，而他则认定是两码事；她把两者置于一切之上，而他将其视作劳作之余的调剂；她坚持结婚养儿育女，要白头偕老，而他最恨成家生育，要单身终生；她渴望爱的大海风暴，而他期望爱的港湾宁静。他们太不一样了。但即使她吵闹得越来越不像话，福楼拜仍对她情深意笃，真诚相待，维持着长期而频繁的通信，苦口婆心劝她维持现状。对他来说，虽然风骚轻狂的鲁伊丝仍可满足他的性欲，但对她的诗作和散文，他已感到不堪卒读，味同嚼蜡，避之不及。为了安宁，他任凭她另寻情人，再次结婚并在第三任丈夫死后，又勾引超级名流学士，终于获得法兰西学院一等奖。福楼拜深知她痴迷官方荣誉和豪华排场，硬着头皮前往祝贺，穿着华丽冠服参加隆重的颁奖仪式，但仿佛闻到鲁伊丝口臭的恶气。相反，鲁伊丝认为在名利双收之下，福楼拜总该接纳她了。她大错特错了。福楼拜这时终于明白自己退缩的性格，他需要的是富有母性的、宽容的、听命的、知趣的情妇，可偏偏选中了一只雌老虎。因此，他一而再再而三拒绝鲁伊丝要求拜见福楼拜老母亲的请求，坚持认为那会亵渎与他相依为命的老母亲，深信与自己睡过觉的女人有损母亲的尊严。福楼拜老太太似有耳闻，怕他在外面胡作非为，早就怯声怯气劝他结婚，却遭到他的拒绝："结婚于我，是一种令人惊恐的背信弃义。"（1850年12月15日函）况且"艺术家就应当独立"已成为他的口头禅。母亲属于慈爱、照料、亲情的世界，情妇属于放纵、恣行、淫乐的世界。敬重母亲和渴望情妇可兼而有之最好，要不然就宁可抛弃情妇，与母亲厮守一辈子。

他们的人生观、世界观、艺术观、爱情观相距越来越远，最终决裂是必然的。我们从中看出福楼拜内心两极的对立始终如一：粗鄙的肉欲冲动和高尚的灵魂寄托并存，永远是灵与肉的搏斗。1876年3月8日，鲁伊丝去世，福楼拜为之大恸："我可怜的鲁伊丝之死对我有影响。"（1876年3月8日函）什么影响？一时情绪上受影响罢了。尽管旧情妇在决裂后对他耿耿于怀，写诗作文对他恶意谩骂，但重温昔日美好时光，恩怨相扰，若即若离，更感今日的孤独和衰颓。但悲伤一个下午就好了。他又埋头创作了，当时正在写《淳朴的心》。

综上所述，我们可以看出，艾丽莎、欧拉莉、鲁伊丝，三个女人完成了福楼拜的情感教育。更重要的是，我们可以从小说《情感教育》中找到作者和这三种女人的写照，尽管作者"从不出现在所写的人物的背后"（乔治·桑语）。《情感教育》，用作者自己的话来说，是一部写意志薄弱和人生失败的小说。主人公弗雷德里克·莫罗是作者青年时代的映射。小说中三个女性的原型，几乎可以与作者的三个女人对号入座：年轻的弗雷德里克拜访有夫之妇雅诺夫人，一见钟情，害上单相思，但又不敢造次。其原型当然是艾丽莎，可归为"柏拉图式之爱"。后来结识罗莎奈特，虽然原型是作者的女友萨巴捷亚夫人，戏称第一夫人，但实质起到欧拉莉的作用，是让主人公首次领略肉体快乐的尤物，可归为"声色之好之爱"。第三个女人，唐潘士夫人，主人公对她的感受，如同作者对鲁伊丝的体验，可归为"利害攸关的爱"。三个女人，三种爱情，完成了主人公的情感教育。其间经历和回顾1843年政治事件和其他社会风波，几番风雨，并未活出人样，没找到生活的真正意义，人生多味杂陈，感叹一生虚度。弗雷德里克中年再遇雅诺夫人，酷似同龄的福楼拜再度与艾丽莎相逢，但见偶像受岁月的侵袭，当年的美妇已成白发的幽灵。等她死后，福楼拜写道"又少了一个窈窕淑女……勾魂摄魄的美乳，不久都累累似南瓜了"（1853年9月13日函）。总之，在男女情爱性爱的问题上，福楼拜迷恋女色，渴望女人与他相处，却与任何一个女人都若即若离，拒绝结婚甚至同居，一生离群索居。

二、政见、荣辱、尊卑、爱憎自相矛盾

我们从福楼拜的书信中可以看出，他的政治信念摇摆不定，一般颇为偏激。总的来说，他厌恶政治。不过，每次发生重大政治事件或社会风波，他虽不直接参与，却并不置身事外，也常常表态。比如，他一向反感路易·菲力普七月王朝，对当政者残酷镇压民众十分愤慨，但也看不

惯狂热的造反。1848 年革命推翻王朝，改良派在全国上下掀起要求变革选举法和议会制的政治风波，他竟气愤之极。所以，他既反对保守党，也反感共和改革。凡左派闹事，他一概嗤之以鼻，认为建立在普选制度上的民主是错误的。他反对君主政治，不管是专制的还是仁政的，他认为都该受到谴责。1851 年 12 月 2 日，路易·拿破仑发动政变，继而亲王总统称帝，成为拿破仑三世，残酷镇压共和派，福楼拜更是义愤填膺。但面临这么大的政局变化，他却无所作为，无暇旁顾，埋头写作。

正当《萨朗波》出师不利，惨遭报刊舆论唾弃之际，第二帝国皇后欧仁妮则读得津津有味，直至深夜不辍；拿破仑三世本人也读得津津有味，因为他对中东窥伺已久，对古今的兵器也甚感兴趣。宫廷的赞许给这部书定下有利的基调，一时风靡帝国沙龙，也传遍巴黎。时尚看中了哈米加的千金，宫廷假面舞会上出现萨朗波的面具，于是爱玛和萨朗波"两姐妹"风靡巴黎，冲出法国，走向欧洲。盛名之下，福楼拜接到拿破仑幼弟杰罗姆-拿破仑·波拿巴亲王的长女，即拿破仑三世堂妹，玛蒂尔德公主的晚宴请柬，这意味着他赢得皇室的尊崇，终于踏进以前自己所鄙视的上层社会，并且很快又进入以亲王为后台的雅娜·德·杜倍夫人的沙龙，其规格不亚于玛蒂尔德公主的沙龙。

福楼拜顿时成为帝国名流，沾尽荣华富贵。读不懂福楼拜作品的龚古尔，倒是一针见血地记下了历史的真实："福楼拜在公主府奇异的行止……让我感到他整个人身上有一种需要，一种痛苦的需要，要独霸要强迫大家注意他，使女主人只垂青他一人。我心里在笑，这个取笑世上一切荣耀的人，竟如此渴望资产阶级的虚荣……在他艺术家的天性中有着野性的根底。"[1]确实，连他自己也觉得进入上流社会后，自己分身两人：在柯瓦塞，他是不合群的野蛮人，在巴黎，则是混迹上流社会的幸运儿。福楼拜自嘲道："我身上有两个人。一个，你们看到的，胸襟狭窄，屁股很沉，生来就该俯在饭桌上；另一个，是跑街，跑街，要跑来跑去才真正感到快活，喜欢剧烈的活动。"（1866年3月12日致龚古尔函）面对文学界的朋友们，他一改过去的直言不讳，扮假正经、言不由衷地说："我还没跟女人有过那种事儿，童男依旧，我领教过的女人，只不过为梦想中的女人垫底罢了。"（同上）其实，他正如《情感教育》的主人公弗雷德里克，面对名媛贵妇，心虚胆怯，哪敢追求？而走出府邸沙龙，为满足生理需要，便毫不犹豫去找

---

1 援引罗译《不朽作家福楼拜》中的龚古尔日记（1864年1月20日）。

妓女。虚荣和淫乐两不误，这样写作也不受干扰，锲而不舍，作品必定大行其道。

终于在玛蒂尔德公主的斡旋下，他荣获荣誉军团骑士勋章。以前，他嘲笑过友人杜刚和布耶等人不硬气，去接受这等勋章，如今他自己上衣纽扣上别着红绫带，豪情满怀，神气十足。的确，他这两位同乡好友出名早，他们的文学作品多产，相继获得荣誉军团勋章，使他相形见绌，当时他愤愤不平，难过之至，觉得这一切仿佛是对他的创作动机和写作原则的背叛。他们的出名和勋章虽然遭到他的嗤笑，但他仍衷心祝贺朋友们成功，从未有过嫉妒，他们之间相互有一种男子汉的默契和坦诚。对布耶他尤为真诚，因为布耶不像杜刚，曾真诚帮过他。尽管福楼拜心里始终对布耶作品的价值的评价有保留，但一直为他叫好，特别在布耶死后，他居然暂停修改自己的小说，推迟出版，而忙于筹划布耶未刊遗作出版并编辑《布耶全集》。

我们举上述例子，无非想说明，尽管福楼拜多次声称不偏不倚，特立独行，但我们可以看出玛蒂尔德公主是使他改变立场和观点的重要人物，甚至是唯一的人物。因为就在这个时期，他为写《情感教育》大量阅读傅立叶、圣西门等人的空想社会主义著作，他居然觉得"越读越痛恨这些空想社会主义者……他们都是些暴君，都是些小农！

散发着小卒子气味"（1864年7月函）。他甚至提出近于"劳心者治人，劳力者治于人"的观点，主张要让精英来启蒙、引导卑贱的劳苦民众。此外，无论政界商界还是学界艺界，都要有大师和统帅，也要有一批心灵上和思想上的贵族。"历史上有重大影响的是一小群人（每个世纪有三四百人），从柏拉图到今天，情况并未改变。是他们成其大事，他们是世界的良知。至于社会肌体的下层民众，是永远也扶不起来的。"（1866年1月23日函）更令人吃惊的是，虽然出身资产阶级家庭的福楼拜是个极端的资产阶级志士仁人，但在涉及主仆关系时却叫人莫名惊诧，他一贯坚持地地道道的贵族资产阶级观点。他始终认为平等原则荒唐无稽，主人是主人，仆人是仆人，没有平等可言。以上这些观点，如果不读他的私人书信只读他的小说是看不出来的，因为从他的小说来看，作者心里既痛恨贵族也谴责资产阶级，他的心灵深处认为拿破仑三世是个傀儡，可憎可笑可恶；政府，不管谁掌权，只不过是交替使用取悦民众和欺压民众的手段来夺取和维护政权，一律应受到文学艺术家的鄙视。

福楼拜涉及政见、荣辱、尊卑、爱憎的观点无疑是自相矛盾的，这充分反映在《圣安东尼的诱惑》里。这部小说可以说是他的处女作，因为好友们反对出版，他自己也没有把握，所以一直压了很多年没有出版。其实圣安东尼就是作者本人，是探求真理的福楼拜。他的幻觉层出不穷，陷于信念和科学之间的两难抉择，因为他既反对一切信念，又对各门科学都不满意，两者一味碰撞，令他十分难堪。他天生相信自然和创造，又对一切彻底怀疑。书中，智慧与道德相对，痛苦与快乐交替，妙笔生花，透出文学之华丽，然而又让读者摸不着头脑，因为理解不了"诱惑"的含义，看不出来作者的悬念是什么。作者一方面跟妖魔鬼怪打交道，写下一些荒诞不经的东西，另一方面又想通过对这些东西的创造，成为真正的作家，把生命里的一切化为漂亮的文字；一方面性的冲动时不时折磨着他，为没有女人而痛苦，另一方面又想摆脱女人，埋头创作，独立不羁，以他的反骨挑战一切形式的权威。在高智商面前，纯洁的灵魂具有很大的诱惑力。然而，作者以堂吉诃德骑士攻打风车的侠骨雄风去摄取纯洁的灵魂，难怪这样的悬念难以找到解决的秘方了。

三、对创作既自负又自卑，对文友既接纳又排斥

我们这个选本是"文学书简"，当然想通过福楼拜的通信了解他与文友们的关系，从而更客观更深刻地理解和

诠释他的小说作品。在福楼拜与文友的通信中，除有名气的诗人和散文家鲁伊丝·高莱外，与乔治·桑的通信最多，与乔治·桑的关系也最好。但我们得马上指出，他们之间的友谊维持得最好最长，起主要作用的是乔治·桑，是她慧眼识天才，容忍他的一切缺点，因为她比福楼拜大17岁，给予他不是母亲胜似母亲的关照。乔治·桑忠贞不渝地喜欢福楼拜，爱慕之心直至暮年，有意无意地向壮年福楼拜施展迟暮的魅力，但并不像龚古尔猜想的，"穿一套桃花色裙装"就是"示爱"。幸好福楼拜守住了底线。不错，他特别感激她的友情、温情，尤其在母亲死后，他从乔治·桑身上得到某种温存的母爱。事出有因，福楼拜老太太深知儿子不会理财，去世时，把遗产归在福楼拜的外甥女名下，并委托外甥女婿欧内斯特掌握。不料此人管理不善，投机取巧，近乎彻底破产。看轻财物的福楼拜倒未追究，但因一辈子与数字为敌，不懂理财，最终囊空如洗。老孩子一离书桌便无能为力，寸步难行。如他所写："一旦走出书斋，我就一无用处。"（1877年9月2日函）乔治·桑伸出援助之手，欲买下他的房产，让他生活依旧。幸而外甥女自救，保留下柯瓦塞房产，但福楼拜依旧为乔治·桑的深情大义感激不尽。其时，福楼拜已五十出头，备感孤独，对乔治·桑哭诉："伶仃一人生活于绝对孤独之中。"（1872年4月

19 日函）乔治·桑见他太孤独，灰心丧气，徒自悲伤，劝他找个年轻女子结婚成家，不料碰一鼻子灰。他驳道："我太洁身自好，不敢把自己的一生强加给另一个人。"（1872年11月28日函）

乔治·桑欣赏福楼拜的才华，自始至终支持和鼓励他。她主动前往柯瓦塞登门造访和小住，长时间耐心聆听他高声朗读作品。他遇到困难后，她主动向他发出邀请，被谢绝后非但不埋怨，反而一再亲临柯瓦塞为他排忧解难。比如，被压多年后重写的《圣安东尼的诱惑》杀青时，乔治·桑听他高声朗读达7个小时。她听后连连称叹"多彩多姿""高超"，福楼拜这才敢拿去正式出版。事后乔治·桑写道："人才难得，就是个性太强。"（1873年2月记事本）又如《情感教育》，1869年11月刚一出版，立即招来报界的严厉批评和咬牙切齿的斥责，说什么"俗不可耐"，尽管有左拉等友人谨慎的赞许，但挡不住恶浪滔天的抨击。就在此时，乔治·桑在著名的《自由报》上刊文，以女性精细的文笔娓娓道来，句句都是家常话，却道出真知灼见："故事讲述方方面面的事，像活生生的现实，作者巧于展示人物，通过一个个场景、一段段对话，提示每个人真正的本性，而作者很知趣，从不出现在所写人物的背后。"最后一句画龙点睛，使作者恢复了信心，顿时悟出：《情感教育》

之所以遭到众多批评家的恶评，正是因作品题旨太隐蔽而付出的高昂代价。但这正中福楼拜下怀，他要的就是这"题旨隐蔽"的创意。当时他大概还未意识到，他的创意是超前的，将深深影响20世纪的小说艺术。然而赞扬的人不多，小说卖得不好，福楼拜又自卑起来，对乔治·桑的赞语不好意思接受，写道："虽然她（乔治·桑）过分宽厚，喜欢说好话，但有些看法非常细密，不失中道，只要不唱她的社会主义高调就行。"（1866年9月29日函）福楼拜在别人面前想拉开一点与乔治·桑的距离，但这不妨碍内心对她的拜服；尽管不喜欢她鼓吹民主、平等、自由，但能谅解她，从不跟她争议；称她为"亲爱的伟大心灵""深爱的老行吟诗人"。总之，他们的友情绝没有什么暧昧的男女私情，双方都很坦然。福楼拜的作品，不管在发表前或发表后，她一概支持，是他朋友中最耐心最热忱的听者和读者，她的赞语，并非像龚古尔所说的什么"献媚"。这是难能可贵的。

福楼拜对乔治·桑母爱般的鼓励和理解几乎全盘接纳，但始终排斥她的社会主义思想，更不赞成她把这种思想引入她的作品；他们关于结婚成家、写作的快慢等也没有共同语言，但福楼拜对她比较包容，从未出语伤人。然而他对其他文友的接纳或排斥的言行非常鲜明，决不含糊。限于篇幅，我们简单举些例子。

福楼拜与波德莱尔个人接触并不多，但他们的命运有相似之处。《包法利夫人》正受到恶评和遭到起诉的时候，波德莱尔在《艺术》杂志上发表著名文章，指出："取一个通常的题材，以有力、生动、细腻而准确的语言，通过平淡无奇的爱情故事，写出热情而滚烫的感情"，终成"一件精品"。福楼拜读了之后，感到有此一知己足矣！事有凑巧，福楼拜得知《恶之花》也将受到"有伤风化"的指控，主动写信给诗人："是何道理！你犯了何罪？……这倒透着新鲜：对诗提出控告！直到现在，法官大老爷还把诗集束之高阁。我大为愤慨。"（1857年8月14日函）但让他始料不及的是，波德莱尔感激之余，来信求他向于勒·桑陀说情，支持自己提名入选法兰西学院。福楼拜不禁哈哈大笑，心想这个"魔鬼诗人"的《恶之花》已被法院定罪，《人造天堂》最近刚出版又不受欢迎，居然谋求法兰西学院资产阶级的正统席位！但，福楼拜依然游说了于勒·桑陀，之后，答复诗人："促狭鬼，你要让法兰西学院的圆顶塌下来吗？我梦想中你已厕身维勒曼和尼萨两位院士之间了。"（1862年1月19日函）看来，他们之间也并非君子之交淡如水。

福楼拜是雨果的晚辈，对雨果一向十分敬重，从十几岁就崇拜雨果的诗，更赞赏《巴黎圣母院》（1831），成名后还不时拿出来读一读，每次都爱不释手。有一次拍案叫绝，写道："《巴黎圣母院》写得多好啊！最近又重读三章，尤其是无赖汉攻打教堂那节，确实很有气势，我认为天才的最大特色，是雄健有力。"从中看出，福楼拜根本不从浪漫主义的角度去欣赏，在他，"雄健有力"是很高的评价了。他也十分赞佩《惩罚集》，认为诗句"声情并茂"。可对雨果另一本名著《悲惨世界》（1862），尽管它刚一出版就产生轰动效应，受到一片赞扬，销售火爆，福楼拜却不以为然，有反感抵触情绪，出言不逊："哎，我们的上帝在掉分。读《悲惨世界》读得心头起火，这部小说（《悲惨世界》）既不真实，也不伟大。至于文笔，我觉得作者故意写得不伦不类，不登大雅，以取悦庸众……生活里哪有像芳汀那样的妓女，像冉阿让那样的苦役犯？……大篇说理，讲的都是题外的事，没有一句切题的话。"（1862年7月函）这段文学评语，是我们见到的他的评论中水平最差的，一眼看出他思想混乱，逻辑不通，信口开河，简直失去理智。在下之所以乐意为他开脱，事出有因：《悲惨世界》刚出版的时候，正巧《萨朗波》即将发行。他心里着急，很明显《悲惨世界》抢了他的风头，于是恼羞成怒说出上述不三不四的话。我们也从中看出，他时不时意气用事，蛮不讲理，控制不住自己，为一泄心中恶气，常常夸张激奋。这是个典型的例子。后来他冷静下来，自己都觉得过分了，突然悟出，要是别人也用同样的理由来批评他的《萨朗波》呢？不禁出了一身冷汗。再说，雨果对待他这个晚辈一向不薄，甚至另眼相看。所以，后来他再未对雨果有什么不恭之处。相反，《凶年集》（1872）出版时，福楼拜竭力叫好："雄狮虽老，牙口倒好！懂得恨，也是一种品质，这正是我的朋友乔治·桑所缺的。"（1872年5月15日函）从中可以看出，他一生最佩服的是雨果，为赞美雨果，不惜踩一下他最好的朋友。

在福楼拜众多的文友中，最与他志同道合的是诗人兼批评家戴奥菲·戈蒂埃（1811—1872），书信中的两件事可以证明他们是至交。一是《萨朗波》出版时引起众怒，作者很尊重的圣伯夫是自己的朋友，尽管这位权威批评家对他的作品从未有过好感，但对他的评论一直比较客气，这次则横加指责，使他很是难堪甚至自卑。其实圣伯夫根本读不懂，但他是权威，对他的批评，自负又自卑的福楼拜非常在乎。幸亏雨果、波德莱尔、米什莱、弗洛蒙坦、柏辽兹、马奈、李勒等来信表示敬佩，更不用说乔治·桑对《萨朗波》的评价最高，也最公正，上文已提到。但最叫他自尊心得到补偿的是老友戈蒂埃刊于《环球导报》的称赞——"予人极强的精神感应"，这叫他"得意得发疯"（1862年12月22日函），他真是感激不尽，铭记在心。二是1872年10月24日戈蒂埃去世，他悲伤至极，认定老友"死于长期的呼吸困难，现代社会的蒙昧早憋得他透不过气来"（1872年10月函）。致函乔治·桑时他又写道："他（戈蒂埃）死于现代社会的腐尸秽气。"（1872年10月中旬函）给屠格涅夫的信中又提到："纯艺术家如他（戈蒂埃），在平民当政的社会，还能有什么作为？"（1872年10月20日函）他们的友谊之所以牢不可破，是因为建立在相同的艺术观上：为艺术奋斗终生，对其他一切都不在乎。福楼拜在书信中写过许多类似的话，仅举一例："应当为艺术本身而喜欢艺术，否则最不起眼的职业也比从事艺术强。"（1867年1月4日函）

　　福楼拜比左拉年长19岁，应该是左拉的长辈，但他大器晚成，成名作《包法利夫人》（1857）比左拉的成名作《苔蕾丝·拉甘》（1867）只早了10年。但不管怎么说，从小说艺术性和思想性来看，福楼拜比左拉要高出许多，从在小说史上起的作用来讲福楼拜的重要性更是无可比拟，所以左拉颇有自知之明，他和同辈作家都拜福楼拜为师，左拉称福楼拜为"文坛巨子"。福楼拜除接纳左拉之外，对一群搞所谓现实主义、自然主义运动的作家，虽然时不时见见面，甚至定期聚会，但在文学艺术上是排斥的、瞧不起的，不屑于成为他们的门派掌门人。

　　总之，福楼拜对左拉开始有褒有贬，后来欣赏不迭。比如，针对《苔蕾丝·拉甘》提出一些不妥之处之后，他得出结论："不管怎么说是非常杰出的。"又如，对《普拉桑的征服》大加赞扬，致函左拉"你真是一条好汉！你的近作硬碰硬是本好书"（1874年6月3日函），但严厉批评《小酒店》："我觉得作品低俗，绝对如此，真实并不是艺术的首要条件，求美才是主要的，要尽可能臻于美。"（1876年7月4日函）这里所谓真实是指照相机拍摄的那种真实，即当时龚古尔所主张的自然主义写实。几年后，左拉更成熟了，1880年发表的《娜娜》辛辣地揭露守旧阶层的弱点和缺陷，受到福楼拜的高调赞扬。福楼拜高兴得不得了，一改过去的挑剔，致函左拉："若把凡是独到和出色之处点出来，则每页皆有可评。人物性格，真实而美妙。原生词，俯拾皆是。最后，娜娜之死，真有米开朗琪罗式的惨烈！……这本书了不起，好朋友！娜娜变成一个神话，虽然不具真实性，这一创造，意义巨大。"（1880年2月25日函）有趣的是这并不妨碍福楼拜坚持反对以左拉为首的自然主义文学思潮。他这种只看作品，不管作者本人思想倾向、政治态度、生活作风的评价方法，至今仍有很大的参考价值。

与左拉相比，埃德蒙·龚古尔（1882—1896）在50年代至80年代末，名气也许更响一些，尤其在上流社会的沙龙里，可以说哪里出现福楼拜哪里必有龚古尔，他们的关系很好，互相客客气气。交谈时，福楼拜几乎垄断话语权，龚古尔很少插得上嘴；通信时，福楼拜直言不讳，一吐为快，龚古尔则闪烁其词，言不由衷，随声附和；福楼拜还以为龚古尔欣赏他推崇他，其实由于龚古尔用自己自然主义写实派的偏见去读福楼拜，自然对他所有的著作都评价很差，所以我们经常说龚古尔读不懂福楼拜，正如圣伯夫以古典主义有色眼镜读福楼拜、波德莱尔、巴尔扎克、司汤达等，根本不懂要义，从来批评得不得要领。龚古尔甚至对福楼拜为人的印象也很差，我们仅举一例："他（福楼拜）以粗野的怪话，否定的美誉，极端的好评，粗野的甚至没有教养的顶牛，与固有想法唱反调，来加以掩盖……这可怜的家伙，一说话，血就往脑袋冲。之所以如此，我想三分之一是吹牛，三分之一是废话，三分之一是充血。我这位朋友几乎陶醉于自己的曲喻反话。"（1873年5月3日日记）也许是因为福楼拜根本瞧不起龚古尔的创作，他恼羞成怒，耿耿于怀。福楼拜曾这样写过："您读过龚古尔的《艾丽莎姑娘》吗？简陋而贫血，与之相比，《小酒店》堪称杰作了。因为《小酒店》虽写得又长又拖，不干不净，但是有一种真正的力，一种不容置疑的品质。"（1877年4月2日函）福楼拜把左拉作品中他最不看好的《小酒店》高高置于龚古尔的著作之上，可以想见，在他眼里，龚古尔的创作实属末流。

他们这批人中最年轻有为的是莫泊桑（1850—1893）。福楼拜对他另眼相看，视为弟子，甚至施予他一种父爱。不仅因为他们有远房亲戚的关系，更重要的是，福楼拜认为莫泊桑有写作天赋，能成大才，所以真心诚意帮助他。比如他在给《新杂志》创办人的推荐函中写道："首先，我相信莫泊桑在文学上有伟大前程；其次，我深情关注莫泊桑，他是我好友（阿尔弗雷德）的侄子，我曾把《圣安东尼的诱惑》题献给那位亡友。"他推荐的是著名的中篇小说《羊脂球》（1880）。出版后，他在给卡罗琳的信中写道："《羊脂球》是篇杰作，我保留这个说法。从构思、机趣、观察等方面而论，堪称杰作。"（1880年1月3日函）

福楼拜听说莫泊桑的诗作《墙》有可能受到起诉，被说成什么"有伤风化"，气得直跺脚，叫弟子顶住压力，致函道："一个人写得好，就会招来两个敌人：第一是读者，因为你的风格逼得他去思考，动脑筋；第二是政府，因为政府感到我们也是一股力，而权力不喜欢另一股力。地位决定，高官和法官，独霸一时的时尚。他们规定你怎么写，他们自有一套万无一失的修辞，他们自有办法叫你就范……在你身后，全部警察全部军队全部公共力量，以千钧之势，压着你可怜的脑袋。"（1880年10月19日函）后来在舆论压力下，总监察长中止事态发展，诗集得以出版，莫泊桑题献给"教父"："赠给大名鼎鼎的居斯塔夫·福楼拜，我挚爱的如师如父的朋友，我最佩服的无可争辩的巨匠。"这是发自肺腑的感激。早在莫泊桑羽翼刚丰扬名成家时，他就在《文学共和国》刊文评论《淳朴的心》，赞语颇多。福楼拜函谢弟子："你待我，情同父子。"（1876年10月25日函）后来，福楼拜发现弟子莫泊桑性生活不检点，有伤身体，便劝他节欲为要，轻视身外之物，要他一切为了艺术："对艺术家只有一条：为艺术牺牲一切。人生对他只是一种手段，此外再也没有别的了。他第一个要役使的人，是他自己。"（1878年10月5日函）不幸，此番苦口婆心的劝导，莫泊桑没有听进去，英年早逝，人生止于四十三岁，这是后话。总之，福楼拜一生最得意的事情是培养了一个大作家莫泊桑，真心视弟子的成就比他自己的更为重要。

我们也可从中看出，时而自负时而自卑的福楼拜直到暮年临终，都没有意识到他独一无二的历史地位，也没有想到他会对20世纪法国文学影响极深，更没有料到他的书信是19世纪作家中最有价值的书简作品。我们不妨借用福楼拜对巴尔扎克书信的批评来做一比较。他读了巴尔扎克的《通信集》，致函龚古尔："可以看出，此人（巴尔扎克）很正直，可为大家喜欢。但，对金钱的关注，何其多也，而对艺术之爱，又何其少也！他连一次都没谈到，不知曾注意否？他追求的是荣耀，而不是美。他是宗教徒、保王派、小财主，妄想当议员，进法兰西学院。首先，无知得像笨伯，乡气到了骨髓；看到奢华的场面，就目瞪口呆。文学上他最崇拜的，乃区区司各特。归结起来说，他是个大大的好好先生，但是二流角色。他的结局很可悲。真是命运绝大的讽刺！死于踏进幸福门槛之时！"（1876年12月31日函）这是福楼拜阅读巴尔扎克书信后对巴尔扎克为人的看法，是否中肯，仁者见仁，智者见智。但，我们从这段严厉批评中至少可以看出，也许比福楼拜更伟大的小说家巴尔扎克，其书信的价值是远远不如福楼拜的，这已毋庸置疑了。

2007年末于上海
2020年春修订

辑一　情与性

致鲁伊丝·高莱

1847 年 3 月 7 日
星期日于鲁昂

　　你现在不再是给情人写信，这我能理解；但认为连朋友也不是，那就错了。聪明人，当尽其可能，作出聪明的答复。星期六晚，我走得很晚。我很累，在巴黎度过的这三天令人厌倦不堪，我暗自发誓：今后很长一段时间里，不再踏足此地。本想到巴黎透点气，找点消遣，而得到的却是忧愁、焦虑和各种各样的苦痛。人家怪我独处太久，自私专断，足不出户，自我封闭。而我每次出门，总是碰钉子，随便什么人都能伤害我。

　　至于上星期五咱们之间发生的事，我承认：看到你快快不乐的样子，我就十分气恼，再加上那一整天我本来就沉浸在忧伤之中[1]。原因无非我一天没看到你，我星期三才到，等等！当时我快要失去理智，尽力控制自己不要发作，便对你说明天见，以便能够煞住。我憋闷得很，已经忍无可忍。星期六晚间，我收到你用第二人称写来的信，最终促使我一走了事。你对菲迪亚斯夫人的种种猜疑，我重读之下，心想："这算到顶了，就差这一点没挑明了。对这样的事，我又能说什么做什么呢？"倘若是菲迪亚斯先生本人跟你谈的，我相信那一定是开玩笑，或者是他脑子里突发奇想。——如果这个女人对我说过什么而我因之动情，影响我的心灵或理智（我借用你的话，因为对我而言，这些都是紧密相连的），总之，我要是当真喜欢她，我坦白，我就会把她弄到手的。可是我从来没这念头，当时一礼拜能见到她几次，如今跟以前一样，我们之间只存在泛泛的友谊，一种有趣的亲热罢了。诚然，她是一个我乐于见到的女人，而且从远处望胜于在近处看，因为近了，反而狭窄了。在她身边，只把自己当个分析师。因为一旦"给她搂在怀里"，就会失却判断。我是把你当文艺家才说这话的：依我看，这是一个典型的女人，有着女人的所有本能，是奏出女性全部感情的一支交响乐队。聆听乐队演奏最好

1　因其童年朋友达尔赛（Charles Darcet）去世之故。译者注。后文若无特别说明均为译者注。

的位置，不是置身其中，而应坐在大厅的池座。关于此事，事实就这样简单不过。你信就好，不信，也没什么大不了。

现在谈谈咱们自己吧。你要我至少给你留下一句告别的话。好吧，我从内心深处，向你致以对另一个人所能给予的最亲切最美好的祝福。我知道，你愿意为我付出一切，今后亦然。须知你的爱只有一个完美无缺的男子才配得上，可惜，我不配。难道这是我的错吗？怎么能是我的错呢？我也想像你爱我那样来爱你，我枉自同恶劣的天性斗，只是白费力气！驴子在刺蓟上打滚最舒服，但一个人，像躺在草坪上那样躺到刺蓟上，那叫自作自受……

生平最喜欢清静和悠闲，但在你身上，只找到骚乱、狂暴、泪水与怒气。有一次，我叫马车夫送你回家，你却大生其气。在马克西姆家晚餐那天，你的脸色又是何其难看。一次我没能赴约，你在火车上把我痛骂一顿。但我一点不怪你，你之不能抑制自己，正如我之难以忍气吞声，难以忍受双重痛苦。感情上的或精神上的。在杜刚家和在旅馆，你去了两次，打听我是否已走，都闹得不可开交，弄得我十分难堪。而我有个弱点，恰恰爱面子。所有的错，都错在当初，你接受我时就错了。或者应改改脾气。但脾气真的改得了吗？你关于道德、国家、忠诚的概念，你的文学趣味，都与我的想法和趣味相左。首先，我做事全凭心血来潮，不拘一格，你固然有讨人喜欢之处，难道我能永远屈服于你狭窄的责任观，服从你的左规右矩吗？我喜欢纯净的线条、清晰的轮廓、鲜明的色彩、响亮的音符，而你身上却有种任情泛滥、莫名其妙的东西，冲淡了一切，甚至也改变了你的精神气质。我性喜豪华，你，不说应和吧，连一点照顾的意思都没有。一大堆的需要像身上的虱子般咬啮着我，我尽量不让你看出来，但仍引起你的蔑视，如一般布尔乔亚加诸我的。通常我一大部分时间用在观赏尼禄、赫里奥加巴尔或其他人物的塑像，他们像众星拱月，烘托雕刻之美。你却要我去欣赏小小不言的道德忠诚、家庭美德或民众美德，我何来这种热忱？理由可以说上很多，但我已觉得难以忍受，赶快打住。哦，还是那句话，你为什么要认识我？错在哪里，可怜的女人，难道是为了赎罪？你应该得到更好的。

如果你保持美丽的身段，可爱的神情，像其他女人一样，恰如其分地去爱，给生活增加点调料，而不是烧糊烧焦，你就不会这么痛苦。我也一样。我到巴黎，就会去看你，相互拥抱，告别，重见，各自像往昔一样生活，不为对方瞎担心。但是不，你以为我年轻，嫩相，清纯。其实，有的人靠烫发卷，穿紧身裤，搽脂抹粉，才显得年轻。一上床，就成不中用的老家伙啦。世上确有这样的意中人，病痛损害他们的健康，不知节制把他们变成废人。而你呀，想从石头里挤出油来。石头碎缺，手指也划破流血。你想教瘫痪病人走路，病人把全身重量压在你身上，病不见减轻，反而更重了。

不，这里没有刻薄、愤慨、怨恨，只是一种深刻而可悲的坚信。常有一种无以名之的感情，由许多情绪构成，就像那些非石非砖非木的建筑，却有一种随时准备奉献的忠诚，如你不以为忤，有一种过分的感恩。你问我相互之间还能回忆起什么，好吧，就如同初夜印在你额上纯真的吻。再见了，就当我出门远行了。再说一遍，再见，祝你遇上值得爱的人。为了给你寻找这样的人，我愿踏遍天涯海角。祝你幸福。

致鲁伊丝·高莱

1847 年 11 月 7 日
于柯瓦塞

　　你也犯了上辈人的通病：子女有什么荒唐行为，无一例外，他们总归咎于交友不慎，受了坏孩子影响，其实这些孩子与责怪他们的事毫不相干！又提到杜刚！永远是杜刚！这成了你不时要犯的毛病，老实说，你真把我当了傻瓜。你以为，我做事都要他点头？放心吧。首先要知道，他在这里时根本没看你的信，更何况，他已很长时间没来了。——其次，我多少还保留一点自主判断的能力。说到他对你的态度，那一次他家里有个女人，所以没给你开门，你便去信大骂，他便中断了与你的往来。一个人自己有事，往往会忽略别人的事。情况就是这样。他那方面如不怕牵连，就可能会更友善更有耐性些。但说到底，他觉得你比较缠人。如果别有缘故，那他没跟我说过。至于说到他要我来伤害你，那就别误会啦；他从未给过我这样的建议或进言。恰恰相反，他总是说你非常非常爱我。事实就是这样简单不过。——要是你觉得无所谓，那就不要再谈了。

我说过，我要去看你五幕诗剧《玛德莱娜》的演出。我一定去。如愿将剧本寄我一读，则请在月底前惠寄。那时我已旅行回来，可以坐下来安心研读。

你总惯于把事情往坏的方面看，比如"老相识"，在我是一种爱称，你却看出有讥讽意味，还一说再说，要我明白。你还说，我见你心情平和就会不痛快，其实我最巴望你能平心静气。啊！你真不了解我！对我的认识太浅了。常言道：初恋最是刻骨铭心。我记得我的初恋，尽管已是陈年往事，而且久远得恍如隔世。是的，想当年，我爱的女人 [1] 如要我跑 30 里去找个男人来，我会拔腿就跑，会因她的幸福而高兴。的确，我从来不知妒忌，所以人家老说我"没心眼"。而今，经过世间的风风雨雨，倒是你认为我在任意折磨你，端着架子，装腔作势！啊，天啊，不是那么回事！我纵有这个心，也没这个胆啊。我既不崇高，也不坚强，我很脆弱，也很柔顺，碰到点小事就会很激动。

1　指艾丽莎·斯莱辛格。

我绝非麻木不仁之辈，不然，那晚面对摇曳的烛光，就不会茫然若失达半小时之久。

"谈艺术好像总隔了一行。"你说。你是跟一个不相干的人谈艺术来着？在政治与新闻之间，你不觉得艺术只是次要话题，之所以谈论，只是稍有趣一点而已？我不作如是观。近日见到住在法国境外的一个朋友[1]。我们是一起长大的，他跟我讲起我们的童年，我的父亲，我的妹妹……以及中学时代。你以为我会向他谈最切己的，至少最高尚的，我的所爱和我的热情吗？天哪，我有意避开，免得他损我。——智者知耻。他讲了几句重话，两小时后我就巴不得他走，但这丝毫不妨害我喜欢他，忠诚于他，假如可以把这一切称为"喜欢"的话。

不谈艺术，那谈什么呢？当然不是同碰到的随便什么人谈。你比我幸运，因为我找不到人谈。要我坦率直言吗？那就摊开来谈。那一天[2]，在芒特[3]的那一天，你在树下对我说："你不会不放弃自己的幸福，去求高乃依的名声。"你还记得吗？我记性不错吧？你知道吗，你这句话使我心

1　指欧内斯特·谢瓦利埃。

2　指 1846 年 9 月 16 日。

3　芒特拉若利（Mantes La Jolie），简称芒特，法国巴黎市西北郊塞纳河畔内港。

里冰冷，令我惊愕不已！名声！名声！荣名是什么？分文不值。这是艺术所予我们乐趣之后的外部喧嚣。"去求高乃依的名声"！我早就注意到，你于艺术，加进一大堆别的东西，诸如爱国热情、男女私情，天知道还有什么！总之，一大堆在我看来与艺术无关的东西，不仅不能抬高艺术，反足以缩小艺术。这是我们之间一大分歧，是你揭示并指点给我看的。

是的，当我认识了你，马上一见钟情，爱上了你。在得到你之后，并没感到厌倦，一般男人认为那是难免的，我依然全身心地向往着你。然而，每次相逢，总免不了争论、口角、怄气、冷语伤心，凭空冒出一件事，像一把双刃剑，伤害你我。我无法想到你，想到美好的回忆，而不掺杂你的痛苦。我去巴黎，每次临别你就流泪。现在你又怨我不去巴黎。源自爱，你竟恨起我来，至少你愿意这样。能略减你的痛苦，也就罢了。换了别的年纪，别的环境，也许我们可能少叫自己吃点苦。但我们相遇时，心理已经成熟，哦，我的老相识，两人处不和睦，倒像是老年婚姻。是谁的过错呢？既不是你，也不是我，或许是双方的错。你不想了解我，而我也许没理解你。在很多事上，我冲撞了你，你也经常触怒我，但我已习以为常；假如你不诉说，不告诫我，我根本不会留意。

但这毕竟是可悲的，因为我喜欢你的脸蛋，身段也婀娜柔美！可是啊，可是啊，我已厌倦，不胜其烦，这样无能，决然不能给任何人快乐！使你幸福！啊，可怜的鲁伊丝，我能使一个女人幸福？我连同孩子玩都不会。我要去碰一碰妹妹，母亲就把她领走，因为我引得她又叫又喊；妹妹像你一样，她倒愿意到我身边来，喊我哥哥。

是的，我在自闭，生命在枯竭，记忆也完了。过去很懂的事，现在全不明白了。尽管眼界在提高，动笔却更吃力了。句子不是源源而出，要努力挤，好不容易才挤出一句来。

就艺术而言，经过多年思考，感触略同于爱情。艺术令我诚惶诚恐。不知这么说是否说明白了。我认为是明白的了。

你的批评意识被唤起，专攻我的可笑方面，而可笑处还很不少呢。如你决心这样做，我会提供方便，结果会使我大开其心。我自赞自颂的话说过不少，这将是一个反照。到某一天，如我对你已无关紧要，请直截了当，毫不客气地写信告诉我。这一天，将是新阶段的开始。

Addio Carissima ![1]

1　意大利语，意为"别了，最亲爱的"。

致鲁伊丝·高莱

1852 年 12 月 27 日

星期一下午 5 点于柯瓦塞

　　此刻我十分害怕，给你写信，可能是为了不独守孤独，就像夜里害怕而把灯点亮一样。不知道你是否能懂，但这是很奇妙的事。巴尔扎克的《路易·朗贝尔》，读过吗？我五分钟前刚看完，真是惊呆了。讲一个人，老想虚无缥缈的事，结果想疯了。这故事有成千个钓钩把我钩住。这朗贝几乎就是我可怜的阿尔弗雷德[1]。书中有些句子，跟我们当时讲的，几乎一模一样。有一节，讲稿本给同学偷走，上面还有班主任写的评语——我就遇到过此事。还记得吗？我曾给你讲过想写一本玄想小说（计划），主人公越想越高玄，幻觉中见到他朋友的幽灵，从世俗的、具体的前提，得出理想的、绝对的结论。想不到，这想法在该

1　福楼拜的好友，莫泊桑的舅舅，早逝。编注。

书中俱已指明，而整本《路易·朗贝尔》只能算一篇序。最后，主人公出于神秘的怪癖，竟想自阉。不才19岁在巴黎有两年时间因感到厌烦没碰过女人，那时我也有过类似的念头。去年，我对你说过要进修道院，那是旧酵母新发酵啦。有时，人突然感到需要受受罪，恨自己之有肉身，向自己脸上扔污泥，觉得自己面目可憎。没有对形式的挚爱，我很可能是个伟大的神秘主义者。此外，还有我的神经官能症，会不由自主地朝思想、形象倾斜。我有把握说，我知道什么叫死。我常常清晰地感到自己灵魂出窍，就像伤者感到鲜血从伤口汩汩流出一样。

这本鬼书，让我整夜做梦，梦见阿尔弗雷德。九点醒，然后又睡着。梦见罗什古堡，其实就在柯瓦塞后面，我却是第一次见到，真怪。人家把我叫醒，送来你的信。是路易·朗贝尔为我夜里召来了阿尔弗雷德吗？8个月前，我梦见过雄狮，当时窗下正有条船驶过，上面有几只动物。唉，一个人有时感到离疯狂多么近，尤其是我，你知道，我能影响疯人，而疯人也喜欢我。

我可以担保说，我现在很害怕。刚才伏案给你写信，看到洁白的信纸，心情才趋于平静。一个月来，自从上次［英兵］"登陆"[1]，我一直很激动，或者说很亢奋。

---

1 应当是指鲁伊丝到访柯瓦塞。参见1952年12月16日函。编注。

一想到你要来看我，就像手指拨到竖琴琴弦，有种万分奇妙的感觉。

该死的书！弄得我辗转难安，我深切感到这种痛苦！

另一相近之处：母亲说（她昨天发现的），我的《包法利》有一情节与巴尔扎克《乡村医生》颇相似——去奶妈家。（我从未读过《乡村医生》。《路易·朗贝尔》以前也没看过。）同样的细节，同样的效果，同样的意图，简直可以认为我抄袭，如果不是写得好上十倍，这不是自夸。杜刚如果得知，就要说我以歌德、巴尔扎克自况了……

《路易·朗贝尔》，跟《包法利》另一相同之处，也是从进课堂开始，其中有一个句子完全相同。写的都是上学的烦闷。

布耶昨天没来，说自己被"钉"在床上走不动，却寄来一首好诗，用拉丁文写的。我复以一短信，仿16世纪古法文，十分得意。

本周末，再写信，将告知对《农妇》不同稿本的看法。加油，亲爱的缪斯！

我的《包法利》，我觉得，当能顺顺畅畅写下去。但隐喻意识太甚，行文离不开比喻，像浑身是蚤，时间都用在捺死跳蚤上了。句子里处处有"跳蚤"！

再见，百抱千吻！

致鲁伊丝·高莱

1853 年 3 月 31 日

艺术上，要有狂热才能得艺术之精微。写诗是理解外在对象之一法，是滤去杂质的特殊手段。

这种手段，只改变物质的外观，内涵不变。如果大家都用这架望远镜去观看世界，那世界就会染上这架望远镜的色彩。

因此，作者表达感情的词语，必然同引起感情的事实相关。想做好一件事，这件事必须浸透你全身。

只有天生热爱自己的事业，经过长期业务训练，并顽强精进的人，才能达到高峰。

我们对路易十四时代的老一辈人物感到惊奇，然而他们并非了不起的天才。他们使你感到，作者有超人的气质，与你读荷马、拉伯雷，特别是莎士比亚时一样。这些伟人有着多么高贵的良知！他们不遗余力，寻找表达思想的贴切词语。他们写作何其勤奋，又作了多少修改！他们的拉丁文何其精湛，读书又是多么仔细。

他们的全部思想都纳入了文章。这一载体，既充实又丰满，简直要爆裂！

然而，他们之间不分高下，好就是好！

拉封丹、但丁、布瓦洛、波舒哀 [1]，还有雨果，都会名垂青史！

1　波舒哀（Jacques-Bénigne Bossuet，1627—1704），法国神学家，路易十四的宫廷布道师，以讲道和演说著称。编注。

致鲁伊丝·高莱

　　你知道吗，两封来信甚可爱，读了十分高兴。还将再读，读后再谈。我很喜欢你在迪迪埃夫人（Mme Didier）家的样子，见义勇为，反对拉马丁诗风。你在谢弗罗家标志性的强硬态度，很有特点。荷赛依（Houssaye）泛泛问了一句："你文风是否像拉马丁？"啊，是的，那是些可怜虫，可怜的世界，狭小，脆弱。他们的名声甚至不会长过他们的生年。他们的名气不会超过他们的"租期"，是有期限的。在 5 年、10 年、15 年内，承认你是伟人；15 年已足够长了，然后便黯然失色，连书带人；留在记忆里的，只是许多无用的喧哗！但可怕的是，这些勇者竟如此沉着，在愚蠢中是那么镇定自若！他们像所用的大鼓一样喧腾，声高来自虚空。鼓的表面是一张驴皮，内里却空空如也。一切都靠细绳系着。正是一场文字游戏！

你讲起善良的德利勒（Delisle）孤单一人！我这方面颇得老天垂青：有的是愿恭听我说话的耳朵，愿向我进忠言的嘴巴。今冬布耶要去他地[1]，我该怎么办？想必他会像我一样，一时张皇失措。两人互起铁路指示灯的作用：伸出手臂，告知路况很好，可以通过。

我很喜欢德利勒编的《古诗集》，有才学，序也写得好，愿望亦好。正是因为愿望，我辈才有点价值。根据其欲望的大小，可以测得一个生灵的分量，正像凭一座教堂钟楼的高度可推断其规模。正是这个道理，我讨厌都市诗歌，庸常艺术，虽然自己也在写。不过，这是最后一次，心里实在反感。这是本精心编撰、风格瑰异的书，其中不乏有意为之的矫揉造作之处。这或许也是一种表现手法，少数人会欣赏，亦有人会发现细节和观察的真实。然而，大气！大气！宏大的手笔，像江河一样流淌的大时段，多样的譬喻，光华的文采，都是我喜欢的，将不再存在。巡礼一番，正准备写出点好东西。很希望半个月后，能给布耶读第二部分的开头（计120页，10个月的心血）。我担心：小说

1　指巴黎。

主体只有一百三四十页，而开场白却有两倍长？当然，我依据的是真的顺序，自然顺序。沉睡了 20 年的热情，一天之间见于行动，随即音沉响绝。美学上讲匀称，生理学不如此。把生活浇铸出来，是否把生活理想化？管他，假如模子是青铜的呢？这已不无可观，求其成为青铜而已。

听了比亚尔夫人（Mme Biard）的叙述，深有所动。我认识这小女人……为人有点轻佻。是高等厨艺的一道佳肴，不无好感。我能回忆起的，就是这些。

知道吗？雨果老头画画也不错。朱莉埃特（Juliette）已老，而雨果挚爱不衰，令我感动。我喜欢持久的情感，长年守候，穿过生命的激流，就像善泳者一直向往，不偏离方向。没有更好的家长啦，他写信给儿子的情妇，请她来一起居住！这很人道，也不摆架子。（我有儿子，就会替他找他会喜欢的女人。）他有时标榜一种愚蠢的道德，这反而把他缩小了。为什么去参与政治？为什么进法兰西学院？庸常之见？踵武前贤？

你来信谈的看法很对，我推定，这位伟人在家里很是孤独。一切都围着官方转；弱者就做合适的事，隐隐约约觉得大多数人在支持自己。雨果有许多令他犯愁的好事，老婆令他烦，华克莉（Vacquerie）赏识他（像弟子瓦格纳赞美浮士德那样），几个孩子活泼好动，恨不得到街上去玩。

啊，为什么要结婚？为什么接受上帝安排的生活？

是的，两者的巧合很奇妙：你我都在读拉马丁，我正读《有爱心的交际花》，而你听皮亚尔夫人讲如何拜倒在朱莉埃特脚下的故事。

亲爱的缪斯，你对我说了很多温存的话语。作为交换，请接受你能想到的（我会说的）更温存的话。你的爱如同和风细雨，我受之沦肌浃髓，直到心灵深处。你具有使我足以爱你的一切，身姿，聪明，温情，不是吗？你灵魂单纯，头脑强健，不太诗歌化，却是十足的诗人。你身上一切都是好的。你整个人，就像你的酥胸，白皙而柔软。我有过的其他女人都不如你，我还怀疑，我所梦想过的女人能否比得上你。我有时竭力想象你老后的容颜，觉得我还会一样爱你，或许爱得更深。我对自己的行动和思想，就像牵骆驼，很难要走就走，要停就停：休息和行动交替，于我最合适。说实在的，没有什么比我这人更缺少色彩的，而你，将是你情夫[1]的唯一情妇！

要知道，我最担心自己变傻！你过高估计了我，冲昏了我头脑，你自己也上了当。很少有人像我这样被赞美。啊，缪斯，假如我向你坦承自己的所有弱点，坦承自己耗

---

1 指福楼拜自己。

费多少时间梦想我们明年的小屋！我已看到我们在里面的情况！不要过多去想幸福，那会引来魔鬼。幸福的观念，是魔鬼想出来，从而引得人类发疯。天堂的观念，比地狱的观念，还要地狱。幸福美满的假设，比逃不过的挫折，更令人伤神，因为十全十美，是永远达不到的。幸亏想象不出何为美满，这点犹可安慰。尝不到玉液琼浆，有名窖红葡萄酒也差强人意。再见啦！不想已这么晚！但我一点也不想睡，还有许多话要说，好谈谈你的剧本。千万个接吻拥抱。

你的居 ［斯塔夫］

致维克多·雨果

1853 年 7 月 15 日
于柯瓦塞

尊敬的先生，对您的大礼[1]不知如何感谢是好。借用塔列朗（Talleyrand）临终见路易·菲力普国王来探望时所说的话："这是寒舍最大的荣誉！"因种种理由，比喻到此为止。

因此，尊敬的先生，我不讳言，正如伟大的拉辛诗句所言，您大大满足了我爱虚荣的毛病。诚实的诗人！现如今又有多少怪物需他来摹写。

流放，使您至少可以不见怪物。您要知道我们陷于多么污浊的境地！政客的行径何等卑劣，每走一步都会遇到脏物。空气重浊，满是浊气。啊，空气，新鲜空气！所以

---

1 指雨果 6 月 27 日信所附画像，为雨果之子所作。

我打开窗，面向着您。我听见您缪斯的翅膀拍翼而过，闻到您文采的芬芳如林中的花香。

而且，尊敬的先生，您是我生命中一种可爱的思念，一种长期的爱慕，永不衰竭。我在孤独的夜晚，在夏日柔和的海滩，在浩瀚的大海边，读您的著作。我将您的书带到了巴勒斯坦。10年前，我落魄拉丁区时，也是您的作品给我慰藉。您的诗篇，如奶娘的乳汁，渗入我的肌体。您的一些诗句，像重大的际遇，已深深留驻在我脑海里。

要说诚恳，我上面的话就是肺腑之言。请相信，我再也不会以谈论自己来打扰您，但有事敬请吩咐。

既然您越洋向我伸来巨手，我就紧紧握着。我自豪地紧紧握着，因为这是写下《巴黎圣母院》和《斥小拿破仑》的巨手，既雕凿出巨像，也为叛贼酿过苦酒，在精神高地上收获最辉煌的果实，如同海格力士，在艺术与自由的双重废墟里唯一举起的巨手！

忠实于您，千恩万谢！

无限崇敬

致鲁伊丝·高莱

我无法找到蒙田引用米朗多尔（La Mirandole）的那句话，这说明我对蒙田不够熟悉。我应当重读全部蒙田，而不是翻翻而已。

萨福是从勒加德（Leucade）海岬跳入水中的。勒加德位于爱琴海，是莱斯波斯与小亚细亚之间的一个小岛。关于萨福，其实有两人：一为诗人，一为名妓女。前者生活于公元前 7 世纪，女同性恋，后与雅尔赛（Alcée）一起被逐出米提利尼（Mitylène）；后者诞生于同一小岛，具体地点是埃雷索斯（Eresos），似乎是爱上菲昂（Phaon）的那一位。一般人将两个萨福混为一谈。新的看法是，根据历史学家宁菲斯（Nymphis）的话"埃雷索斯的萨福狂热地爱着菲昂"，而希罗多德详细讲到米提利尼的萨福时既没提到这段爱情，也没谈到自杀，故萨福应有两人。

我现在又接着干活啦！进行顺利！机器又转动啦。亲爱的缪斯，别责怪我僵直。所有一切，都要通过努力才能得到。一切都得付出代价。蚌病成珠，风格也许就是更深刻的痛苦所诞育的。艺术家的横空出世，一件艺术品的完成，不正如同翻越一座高山吗？艰苦的跋涉，不是需求坚强的意志吗？开始，你仰望着一座高峰，它在半空中晶亮闪光，高得令人生畏；正因其高，引你去攀登。你出发吧。走到一片台地，发觉山峰更高，天际退得更远，沿着峭壁走去，感到头昏目眩，泄气乏力。天寒地冻，高山地区永不止休的风暴把你的衣服刮成一片布。立足地尽失，目标似乎永远达不到。现在会感到自己很累，看到皮肤皲裂不胜恐骇，这时只存一个念头：更往高爬，结束这一切，直到死。天边时不时吹来一阵风，吹开无尽止的美不胜收的前景，令你目眩神迷！往下看，万尺之下渺焉众人，一阵仙风吹进你壮健的肺部，自视似一伟岸巨人，全世界做了你的底座。渐渐，一个人在孤独中暗自掉泪。全不当回事！在雪山里，在欲望的纯洁痛苦中死去好了，而不忘把脸朝向朝阳！

今晚工作得很有劲，汗流浃背，像以前一样大叫大嚷。

是的，《天真汉》[1]写得好！非常好！多么精准！纯净如斯，能否更阔大？也许不能了。这部书美妙的效果，无疑来自它所要表达的思想。写的是真，而不是像真。

你干什么浪费时间去重读《葛拉齐埃拉》？要重读的东西，多的是！说是消磨时光也不可原谅，这样的作品一无可取。要汲取源泉，而拉马丁只是水龙头。

《曼侬·莱斯戈》的优点，是有一股感情的气流，激情使男女两人那么真实，那么值得同情，值得尊敬（虽然他们是骗子）。这本书是心灵的呐喊！结构很圆熟。狼狈为奸，语调多妙。我呢，我喜欢味道浓的，突兀的东西。我发现，所有第一流的作品，都不避夸张过头。充满高声喧哗的真实，充分展开的旨意和关乎主题的丰富细节。《曼侬·莱斯戈》也许是二流作品中的翘楚。我的看法，与你今晨的想法不同，认为一切题材都可引起兴趣。至于要把题材写得美，我也这样想，至少理论上可以成立，但把握不大。薇吉妮之死，写得很美；其他人之死，也很动人。唯薇吉妮之死，写得特好！令人叹为观止的，是薇吉妮自巴黎写给保尔的信。每次读，都为之心动。一样的悲恸，包法利夫人之死，不及薇吉妮之死那样令人伤心，我敢先

---

1 伏尔泰的哲理讽刺小说，书名也译作《老实人》。编注。

这么断言。比起薇吉妮的情人，读者会为包法利夫人的丈夫掉更多的泪，这不存疑问，因两个女人死法不同。

艺术的首要价值和目标，是造成幻觉。常常要牺牲有诗意的细节才获致感动，这是另一回事，而且层次较低。我常为没价值的杂剧落泪，歌德从未使我泪光莹莹，有也是出于赞赏。

你在乡间似乎如鱼得水。而你在巴黎照样很能出活儿，这我就不懂啦。今天这期《巴黎杂志》刊有布耶的诗，而且只此一家！这些家伙像驴子，被骑上就低头。再见，我要睡啦。

吻你遍体千百遍。

你的居［斯塔夫］

致鲁伊丝·高莱

1853 年 10 月 12 日
星期三午夜于柯瓦塞

　　我头脑发胀，就像骑马多天之后那样。因今天握笔走马太久之故，从中午十二点半起一刻不停（除抽一烟斗 5 分钟，晚餐 1 小时），农展会一节烦死人了，就此搁笔，却也正好告一段落。从今天起，专门写展品评奖，会占一定篇幅，真是绞尽脑汁！之后，就想去见你。

　　布耶认为，这将是全书最美的一景。我敢肯定，这一节是全新的，意图也值得称道。交响乐的效果若能见诸一本书中，那就在此中。总体上要发声，故同时有牛叫、情人的怨叹、官员的演讲。大晴天光照充足，一阵阵风吹起农妇的宽边女帽。《圣安东尼的诱惑》里最难写的段落，相形之下，简直是儿戏。紧凑的对话和性格的对照，用以产生戏剧效果。我现在开足马力。下周内，将闯过决定全书的关口。只觉得脑子不够用，未能一举统揽复杂的全局。我一口气写下 10 页，从一个句子跳到另一句。

我可以肯定，戈蒂埃[1]路遇时没同你打招呼，是因为没看到你，他高度近视。我也一样，常发生这种事。几乎是无意的轻侮，这不是他的行事方式。他是非常平和非常殷勤的老好人……与你的看法相反，题词不能说明什么：只是一种姿态和形象重塑。这可怜的家伙会抓住一切机会，在随便什么上署上自己的名字。

亲爱的鲁伊丝，你真是个怪物，又斥责了我一番！你所求一事[2]，我答应了，你又来骂我！很好，既然你对我无所隐瞒，我也不讳言，我觉得你的想法是个怪念头。关爱的性质，各不相同，你想建立一种联系，我看不出有何意义，更看不出有何用处。我不明白你在巴黎款待我，与我母亲何涉？我在斯莱辛格家出入三年，我母亲从未踏进她家门槛。同样，布耶八年来每个星期天都来我处，吃饭睡觉，从未让他母亲显形，虽然其母几乎每月都到鲁昂来。我可以担保，我母亲并无反感。总之，就按你的愿望办吧。

1　戴奥菲·戈蒂埃（Théophile Gautier, 1811—1872），法国唯美主义诗人、散文家和小说家。

2　指鲁伊丝想见福楼拜的母亲。

我答应你，向她说明你的理由，安排你们两人见面。至于其他，怀着最好意愿，我也无能为力。或许你们相见融洽，或许彼此不愉快。老太太不善交际，老熟人不去看望，连老朋友也不见。我只见到过她的一位女友，而这位女友还不住这里。

我刚读完布瓦洛的《通信集》。其中有不少肺腑之言，拨正了他的某些判断。他认为，马莱伯（Malherbe）并不是天生的诗人。你有没有注意到，这时代的名人书信，很少飞扬之致，只能做到就事论事。抒情，在法国，是一种新技能。我认为：耶稣会教育于文艺损害极大。于艺文中去除天然意趣。从 16 世纪末到雨果，所有作品，不管写得多好，都有一股学院气息。我要重读法语课本，从长计议，写一篇《法兰西诗的感情史书》。像搞动植物学一样搞评论，不从道德角度立论。不是对某种形式泛泛而论，而是阐述其具体形状，与其他事物的联系，以及其存在特质（美学正期待自己的杰弗莱［Geoffroy Saint-Hilaire］，这位发现生物进化的博物大家）。当世人对人类的灵魂能不偏不倚，如同物理学研究物质一样客观，那就前进了一大步！这是人类超脱自身的唯一办法。做到这一点，自己的作品像一面镜子，能清楚地看到纯粹的自我。人就像上帝一样，须从高处来评判自己。

是的，我认为这是可行的。也许像数学一样，只要找到一种方法。可首先运用于艺术与宗教——思想的两大表现形式。我这样设想：有了关于上帝的最初（尽管薄弱）观念，诗的最初感情随之产生（可能是很微弱的感情）；若要寻找其表现方式，则很容易在孩子和蛮子身上找到。这是起点。这样已找到了关联。继续推演下去，考虑到气候、语言等因素，逐步可以升华到未来的艺术，上升到美的设定，上升到明确的现实性，上升到所有努力力争达到的理想典型。但此大任不该由我来担当，我有别的事要做。

　　再见，吻你的明眸。

　　　　　　　　　　　　　　你的居［斯塔夫］

致鲁伊丝·高莱

1854 年 1 月 29 日

星期日晚于柯瓦塞

亲爱的鲁伊丝，下周中望能与你相见，终于！对这次旅行，我有良好的预感。住的地方，离你很近——我外出活动不多，免得时间被扯碎，有两三天拟全天干活，余下时间陪你和布耶。要到诺昂[1]跑一次，得花两整天。真是白花钱，没利也没趣！

你猜猜，本周我写了多少页？！才 1 页，而且还不敢说写得好！这一段本该流利而轻松，却写得我昏昏沉沉。真受罪！拼死拼活，乐此不疲，真是又甘又苦！其中的奥秘我参不透。志向，也许就像乡土之情（我并不多），意味着人与物的某种必然联系。

---

1 诺昂是乔治·桑住地。

西伯利亚人住在雪地里，霍顿托人居茅屋，日子过得心满意足，既不梦想太阳，也不妄想宫殿，必有一种更强烈的东西把他们与贫困维系在一起。而我辈——诗人、画家、雕刻家、音乐家，却为形式问题绞尽脑汁；通过语句、轮廓、色彩、韵律，证明我们的存在，觉得这才是世上最美的事！

这两天来，我完全沉浸在莎士比亚戏剧中（《李尔王》第三幕第一场）。李尔的失魂落魄，把我气疯了。其他人，与他一比，都显得幼稚。这一场里，人人都走到了尽头，失去理智，胡言乱语。三种不同的疯狂同时叫嚷着，而丑角照样插科打诨，管他大雨滂沱，雷声轰鸣。一位年轻的爵爷，开场时富有而体面，这时他说："啊！人我见识过。不要听了鞋跟橐橐、绸罗窸窣，就拜倒在女人面前。"等等。哎，法兰西的诗歌，相形之下，你简直是白开水一杯！想到那些拉辛、高乃依的胸像，我们还捧住不放，我直想怒吼！我要"把他们碾成粉末，用来粉刷茅坑的墙壁"！

是的，这出戏激荡人心。我一直在想森林那一幕：狼嚎阵阵，衰迈的李尔王在雨水中痛哭流涕，在呼呼的风声中揪拔自己的胡须。——当你仰望高山时，才觉得自己何其渺小："生来平庸，为崇高的精神所压垮。"[1]

现在谈谈莎士比亚之外的东西。

我认为，任何东西，任何题材，都可以做成艺术品。哪些人在搞时装？裁缝嘛！就像壁挂艺术家对家具一窍不通，厨师也不大懂厨艺，道理一样的。肖像画家只会画些蹩脚肖像，好的肖像，是思想家、创意者画出来的，他们才懂得再现。专业的狭隘，使他们失去了这专业的本来意义，将主次、布料与饰带混为一谈。一个伟大的石匠可以成为艺术家，正如16世纪的金银匠是艺术家一样。但平庸渗透一切，连石头也变得愚蠢，马路也变得呆板。如有灭顶之灾，也得尽一切力量阻挡向我们袭来的滔天恶浪。让我们向理想进发！既然我们不能住雕楼玉宇，享受不到半榻斜卧的乐趣，没有红木椅子金烛台，没有天鹅绒地毯，那就让我们诅咒作伪的奢华，虚假的骄傲！工业化使"丑"扩大了百十倍！良善之辈，一万年前没有艺术也过得很安然，现在呢，也要小雕像、小音乐、小文学了？想想这趣味是多么恶俗！

再有，市场使真正的奢侈品都卖到了天价！谁还肯买一块好表呢，开价要1200法郎！全是胡闹，全是假货，

1　出自孟德斯鸠。

处处是穷开心！大衬架的膨胀裙，把女人的屁股都遮没了，我们的世纪是卖淫的世纪。时至今日，最不淫荡的，是妓女。

但问题不在向有产者宣战。自从发明了马车，有产者已不成其为有产者了，他们坐在了平民的长凳上，不再动窝，其心灵，其相貌，甚至衣着，与下层人，都无甚差异。

一旦从民主这观点出发，即"一切属于大众"，这一切我都可接受，但混乱也由此产生。我试图说明，现今已无时尚可言，因为没有权威，没有规则。过去还能知道谁在推动时尚，而且每种时尚都有一种含意。现在却是无政府状态，人人都可随心所欲。也许从中能产生新的秩序。这种无政府状态是当代的历史趋势。曾经有过罗马式、哥特式、蓬皮杜式、文艺复兴式，各种时式至少风光30年，所有这一切毕竟都留下了一点东西。

这一切中应汲取什么，以达成美？我的意思是要研究，何种形式何种色彩，在特定的境况中，才适合某一特定人物。其中有色调、线条的相称问题，需要弄清。最善于卖弄风情的女子懂得其中奥妙，不比纨绔子弟只按时尚杂志去穿戴。时尚刊物若要求新求真，就应当谈谈这个门道。比如，可研究研究维罗内塞怎样给他笔下的金发女郎着装，怎样给女黑奴脖子上围饰物。效果从何而得？表情与服饰之间应有的准确关系，我们还未掌握。

另一种考量，是行动与服饰的关系；美，经常是从有用引出来的。举例来说，神职人员的服装就该庄严，做赐福的手势若未配以宽大的袖口，看来就荒唐。有些家伙，不合时宜地穿上排扣上装，再加上紧身裤，迟早得放弃使用卧榻，甚至放弃后宫制度。请注意，最先穿鞋子鞋罩的，是交易所职工，为的是便于在场子里跑上跑下。诗学中也有同样性质的问题。每件作品应有自己的诗学，关键是要能找到。

我要破除追求时尚的想法，把男男女女市民都吓倒。紧身时装要鄙弃，因为很丑而且不舒服，这罪我也受过几次！！！

是的，事虽小，却很难受，男人本不应去说这种事。男儿装应有雄壮之概，不要穿出来被人当太监。同样，有些家具式样、服装色彩、窗帘边饰，令我头疼！剧场里女人的繁复发型，令人作呕，而且衣服还那么紧。看到演《威廉·退尔》的男演员，戴着"儒文"（Jouwin）手套，我都要讨厌歌剧了。真是蠢货！戴上手套，手还有什么表情可言？想象一下，塑像戴上手套成何体统！一切都体现于形式，而且要尽量从中发现灵魂。

我生活中有很多时间坐在火炉旁，想象自己有了百万年金后该如何装潢我的宫室，仆役着怎样的号衣，让自己的厚底靴缀满钻石！想象雕车宝马嘶叫于台阶之下，让美国佬妒忌得要死。华筵盛宴，多精致的菜肴，多周到的侍应！多么好！当地水果满溢在枝叶编成的篮子里。海藻上盛着牡蛎。餐厅四周攀满茉莉花，更有梅花雀嬉戏其间。

哦，巍峨的象牙之塔呀！在梦中升向塔顶，可靴钉把我们勾连在现世！

区区毕生从未见过奢华，除了在近东。那里的人，破衣烂衫，满身跳蚤，手臂上却戴着金镯！对他们来说，美比善有用。通体色彩，把衣衫遮得都看不到了。宁可抽烟不吃饭！好一个观念压倒一切！

夜已深，再见了，吻你，一心向你。

你的居［斯塔夫］

致勒鲁瓦叶·德·尚特皮小姐

1857 年 3 月 18 日

于巴黎

夫人[1]：

邮包收到，首先表示感谢。谢谢惠赠的书，尤其是画像！承细致关切，此情可感。

三卷大作，我将仔细阅读。仔细是因为值得，我事先就能判定。

但目前还读不了。回到我乡野住处之前，我要先搞点考古，研究古代鲜为人知的一个时代，为我下一本书做准备。这本小说，讲的是公元前 3 世纪的事，我得走出现代社会；我的笔浸润现时代太久了，都倦于再炮制什么了。

有像夫人这样充满同情的读者，我理应坦率。我的回

1　是一种尊称。

答是：《包法利夫人》中没有一点真实的东西。全然是虚构的故事。没有掺入我的感情和境况。如有如真的感觉，恰恰来自作品的客观性。我的原则，是不写自己。艺术家在作品中，犹如上帝在创世中，看不见摸不着却强大无比。其存在处处能被感到，却无处能被看到。

何况，艺术应超越个人的好恶和神经的敏感！此其时矣，应借助严格的方法，赋之以自然科学的精确！

首要的困难，对我说来，依然是风格问题、形式问题，以及由观念产生的难下定义的美。而美，照柏拉图的说法，是真的华彩。

如果说我对生活有点认识，从正常的意义上说，那是缘于我生活得很少。我少吃，而多反刍。[1]

请勿抱怨。世界上我也到过一些地方，您所梦想的巴黎，我算略识一二。没有什么能比得上火炉旁静心的阅读……读《哈姆雷特》或《浮士德》……在情绪很好的日子。

1　原文为 "j'ai peu mangé, mais considéral lement ruminé"。

致勒鲁瓦叶·德·尚特皮小姐

1857 年 5 月 18 日
于柯瓦塞

亲爱的同行兼读者：

迟复为歉！别以我复信的多少来衡量我对你的感情。此刻回到乡间，有更多时间归自己支配，我们可一起共度傍晚。先谈我，再谈您的书及对某些社会政治的想法。看来我们有分歧。

您问我如何治愈了神经性幻觉，方法有二：一、科学地研究，弄清真相；二、凭坚强的意志。我常觉得自己快要疯了。脑袋瓜里时时刮起思想和形象的旋风，觉得自己快像一叶扁舟要沉没在风暴里。但我紧紧抓住理性不放。以理性主宰一切，虽受围攻，屡吃败仗……自豪感支撑着我，与痛苦扭打，战胜苦难。有一种感情，或说一种姿态，您似欠缺，就是：喜爱沉思。不妨以人生、激情及您自己，作为智力活动的题目。您就会怒斥世道之不公，社会之卑劣，专制及人生之丑恶。这些您都了解？都研究过？您就是上帝？谁说人的判断力是万无一失的？感觉不会欺骗您吗？人的感觉有局限，智力有所不及，怎能对真善有完全的认识？"绝对"能抓得住吗？若想好好活，就别想去弄明白世间万物。人类就是这样。问题不是改变人类，而是认识人类。少想想自己。放弃迎刃而解的奢望。解决办法存在于上帝心中。唯上帝握有良策，但秘不示人。

然而，学习的热忱中寓有理想的愉悦，而此类愉悦，只有高尚的灵魂才有。

在思想上，追慕三千年前的长者，感受他们的苦难和梦想，就会觉得心智顿开。一种深邃而无涯的同情，将像大氅，裹住众生万物。

别围于一己的小圈子。多读伟大的读物。订个学习计划，严格遵行，持续不辍。读历史，尤其是古代史。强迫自己做一件需要恒心的累活。生活是一桩讨厌的事，唯一忍受之法，就是逃避。阅读大师，掌握其手法及实质；研读之余，觉得眼前闪亮，心情愉快。一如走下西奈山的摩西，因为尊仰上帝，脸庞四周放出光芒。

您为何老讲内疚和过失，惶恐和忏悔？丢开这一切，可怜的灵魂！为了自豪。既然您觉得心灵纯净，自可面对上苍，坦率告言："我就在这里！"

既无过失，何惧之有？人能犯什么过失？面对善与恶，人又何足道哉！

您的一切痛苦，皆源于思想的过分悠闲。思想的胃口很大，没有外面的食料，就反求诸身，直啃到自己的骨头。所以得重铸思想，加以充实，而不能任其闲荡！

举例来说：您很关注世间的不公，关注政治和社会主义。这很好。不妨读读与您有同样憧憬者的著作。翻翻乌托邦学者和梦想家辈的著述。而在形成定见之前，应研究这种很新的学科——时下谈得很多而钻研不足的政治经济学。您会惊奇地发觉，自己逐日逐日在改变主意，快若换衬衫一般。且不去管他，怀疑主义并不晦涩，您会觉得像参与人类的喜剧，好像历史为您一个在世界上演进。

浅薄的人，眼界有限的人，自大狂妄的人，要求每桩事情都有结论。他们寻求生活的目的，无限的规模。他们在小手里抓了一把沙子，对大海说："我要数清海滨的沙粒！"而沙粒从他们指缝间滑走，数数又颇费时日，于是捶胸顿足，痛哭流涕。在沙滩上该干什么？应该跪对大海，或者漫步海边！

任何伟大的天才都不去下结论，任何伟大的著作都不去做结论。因为人类始终在前进，远没到做结论的时候，而且也没结论可做。荷马没做结论，莎士比亚、歌德、《圣经》，都没有做。

时下流行"社会问题"之说，我极反感。结论找到之日，世界的末日也就到了。生活是个永久的问题。历史也是，历史是不断把年数加上去。轮子转动时，您能数出有多少根辐条吗？

19世纪有诸多跨越，于是徒增一种自豪，以为我们发现了太阳。有人说：宗教改革为法国大革命做了准备。此语不虚，但法国大革命本身也为另一种状态做了准备。如此等等。我们最先进的思想，倘若从肩膀上看过去，就显得落后、可笑。我敢断言，再过50年，社会问题、民众道德、进步、民主，都将变成"老生常谈"，就像18世纪末流行的"敏感、自然界、偏见、心灵间甜蜜的联系"后来变得十分可笑一样。

因为我相信人类会不断进化，形式会不断改进，我讨厌想将社会纳入某种框架的做法。民主不再是最后的诉求，正如奴役制、封建制不是最后的诉求一样。人类极目所见的天际，不是对岸，永远是天外还有天！所以寻求最好的宗教，最好的政府，是愚蠢的疯狂。对我说来，正在消亡的政府是最好的政府，因为正让位于另一新政府。

我要责怪您的，是在以前一封信里，您提议推出"义务教育"。我讨厌一切"义务"的东西。一切法律、政府、规则，都是强制性的。哦，社会，你是何物，要来强制我做这做那？是哪个上帝让你来主宰我的？请注意：你们又落入往昔的不公之中了。此番主宰群众的，不是一位暴君，而是一伙人，是公安委员会，是国家的永恒利益，是罗伯斯庇尔的训语。我更喜欢荒漠，情愿回到非洲的贝都因人那里，因为他们是自由的。

信纸还长，在结束本信前，想跟您谈谈您的两本书。

令我惊奇的是，您才干中主要的一点，是诗的能力和形成于永恒的道德思想之中的哲理之思，我的意思是指您不以自己的名义说话。有一位哲人，您可以从中得到养分，并可使您心志宁静，那就是蒙田。我权充医生，命令您好好钻研。

尊作《赛西尔》第18页，有一句话我很喜欢："您想骗人吗？那是白费劲！"第15页："我觉得天空更蓝了，太阳更亮了。"此句很可爱。第103页写太阳照在狄艾普海上，效果甚好。能写出此类效果，不愧为高手。赛西尔的长信，是好文章。朱莉亚的性格，她激起的混乱意绪，也是如此。但我常贬斥文风"卑弱""现成套语"，如第85页社会贤达的说辞；第87页"命运之神扔下一个造成不和的苹果"；第91页"喝他的血，止我的渴"。这些是悲剧用语，日常不这样说，因为从来不这么思考。此乃小疵，但才情高华如您，应当力避。工作吧！努力工作！

朱莉亚从修道院发出的长信，是一篇小小的杰作；您所写的东西里，这篇是我的至爱。整部《赛西尔》小说，我都喜欢，只对框架有点意见。一般说来，对话写得不如叙述，而陈述情感尤佳。您把我当朋友，那我就可严厉些。相信您能写出可爱、绝妙的东西，我才说些迂头迂脑的话。我的批评不妨打个对折，而赞词宜扩大百倍来看。下一封信，将专门评论《安琪丽克》。

致乔治·桑

1863 年 1 月 31 日
于巴黎

亲爱的夫人：

您完成了您所说的义务，但我并不感谢您。您的善良，使我深受感动。您的同情使我自豪。

惠赠之书补充了您的文章[1]，信[2]比文章写得更好。我只能说：我诚心诚意地爱您。

俄冈特先生向我要一期《国民见解》，兹附上。

九月在信里附上鲜花给您的并不是我。奇怪的是，就在那时我收到一片树叶，方式相同。

1　乔治·桑《关于〈萨朗波〉的一封信》，发表在 1863 年 1 月 27 日的《新闻报》上。
2　1863 年 1 月 24 日发表，致《现代杂志》主编的一封长信。

对于您的诚意相邀，我得像真正的诺曼底人一样，不置可否。或许今夏某个时刻我将突然造访。

很想面晤，以便开怀畅叙。

千百次的温情，吻您的双手。

又，很想得到您的画像，好挂在我乡间书房的墙上。我常独自一人在那里过上好几个月。这个要求当否？如说得过去，请先接受我的万分谢意。

致乔治·桑

1867 年 1 月 12 日

周三夜于柯瓦塞

亲爱的大师：

……您一定能长生不老，如同那些巨人！您就是巨人之一啊！

不过，您一定得注意休息。有一件事令我吃惊：您想了那么多，写了那么多，却依然健在！（您本可以死 20 次哩！）

到地中海边去散散心吧，如您渴望的一样。淡蓝的天色可以舒缓身心。有些地方，比如拿波里海湾，简直宛若仙境！——有时，也许美景更令人忧伤！我不知道。

生活艰辛啊！多复杂、多费钱呀！我算知道了其中甘苦。干啥都得花钱！如果收入微薄，职业又赚不来大钱，就得忍饥挨饿咧。

我就是这么惨。命运已注定：工作不顺，心情自然不妙。

哦，我亟愿随君去另一星球！正是由于金钱，咱们的星球不久就不宜居住了。即使富豪，不管好自己的财富，也是无法存活的。

人人天天要干活儿，这是好事。

我吗？在继续"草创"小说。写完手头这一章，我即去巴黎，约在下月中旬。

这项工作进展得不紧不慢。我就像苦役犯那样，精雕细刻我的人物。我不仅是苦役犯，而且还颇为可悲。

不管您如何设想，"没有一位佳丽"来看望我。我倒常念及她们，幸好没占去我许多时间。把我当成隐修士吧，也许更恰当些。

我常历数周而不与人交一言。到了周末，竟忆不起一个日子、一件事情！

在家里，我仅有的"伙伴"是一群耗子。大小耗子，在头顶上，在阁楼里，闹得天翻地覆！

要不然，我就洗耳"恭听"淅沥雨声和啸啸风声！夜深沉，如浓墨！我四周寂寞如沙漠。

在这等环境中，人是极敏感的。很小的事即可以引起我心猛跳！在如我这种"老资格"的神经质身上，这是完全可以理解的。

我坚信：男人也像女人一样神经质，我就是这种男人。写《萨朗波》时，我就这一题材读了许多优秀作家，于是有了材料。

这一切源自咱们美妙的职业。折磨自己身心的莫过于此。但这是在现世唯一适合我做的事呀。

在您愿意时，咱们再促膝长谈吧。

我已说过：我重读了《康素爱罗》和《德·鲁道尔斯塔特伯爵夫人》，共用去四天时间。您愿意时，我愿畅谈读后感……

您曾允诺在诺昂为我找一篇有关陶器的文章。找到后，请惠寄。

替我向令媳致意。握您少爷的手。替我亲吻令堂大人。

至于您自己，望多多保重，也是为了老友我呀。

致马克西姆·杜刚

1877 年 2 月 24 日
星期六下午 4 点于巴黎

喔！我那可悲的劳作结束了。我整个青年时期都在我眼前重新展现。我为此而心碎。

我长期保存的信件仅限于有时还要找出来看看的（下不了决心销毁的），以及用来做资料的。

你那时是多么和蔼可亲！真是亲切啊！咱们那时是那么友好！

这一包里装了 19 封信。我想，你会高兴看的。有几封信您看了会笑，少数几封会哭。

致莱奥妮·薄蕾娜

1878 年 10 月
星期四于柯瓦塞

一段时间没您的消息，我就会自问："她是否还好？"

可以肯定地说：亲爱的美人儿把我忘记了。这不好。您有时想到那深黑色的皮肤吗？请给那可怜的人一点阳光。他没什么可以奉告，除了：他疲倦时就想您！也就是说：常想到您。

我知道您曾去过都兰。乔治曾在您家吃饭（我想是上周六）。我的弟子正在酝酿一首颂扬您的诗篇。他的健康如何，没人对我说。那就意味着很好！

二月中旬之前，我不会去巴黎，首先是因为我没有地盘！其次是为那本没完没了的书能进展快些！"何等的事业啊！"（像贵族文笔中喜欢说的那样。）也许结果是可怜的，这是一件大胆的事，我这本书已写了四年。还有两本要写！末了，我完全进入了特雷拉大夫所说的"清醒的疯狂"状态，或者说是一种癖性。

是啊，我着了魔！我奔走趋候，要告诉您，我的美人儿，我是您最热情的仰慕者。

致玛蒂尔德公主

1878 年 10 月 30 日
星期三于柯瓦塞

公主殿下：

我想您现在正做返程的准备，气候真是很恶劣！我们这儿已被雨水淋透，居民说"这是名副其实的倾盆大雨"！

有此一说，他们可略感安慰。外面世界怎样，对我无所谓。我窗下的塞纳河是绿绿的，并且咆哮着，天空墨黑。树木在风吹下失去枝叶，像那些人把自己的头发拔光。简直可以说，大自然在发愁。夏季里风和日丽，现时雨大风狂，不是有点在欺侮人吗？

日前在埃特勒塔见一痛心场面：童时的一位老友（德·莫泊桑夫人）神经有病，受不了光线的刺激，不得不在黑暗中过日子。一有灯光就大喊大叫。真是苦啊！人是多么不灵的机器！但干吗要跟您说这些呢？请您原谅，我那"黑色的灵魂"越来越暴露了。唉，的确，我没有什么开心的题目。我没读过年轻荷赛依的作品，那本书[1]的标题很好听，那是理发师的谐趣，说其中充满了平庸（如您常说的），我很同意，但平庸的东西往往讨人喜欢。其他方式，反而不讨人喜欢。

作为滑稽事，您看见为展览会定做的荣誉十字架了吗？用于颁授商场职工，这就是所谓的"民意"。看到这些老爷的名单我开心了好一阵子。

我什么也不读，只是写，这本可恶的书好歹有点进展，明年年底大概可写完。

我的外甥女向殿下致意。这厢谨施跪礼，重申我对您的挚爱。

圣-葛拉甸[2]社交圈的种种经历，为我所铭记不忘。

1　指《环球旅行记》。

2　圣-葛拉甸（Saint-Gratien），指公主庄园。

致爱德玛·德·热奈特

1878 年 12 月 20 日
于柯瓦塞

要是按我的本性，我会天天给您写信！但因身体疲劳而不能，这就是我的由头。是的，天天如此，每天数次，想念您，出于自私的讨好自己，或者转向过去。

我觉得，您在这个时世，一定很受罪。我们住的国家不适合我们，我们不属于这个世纪！也许不是这个世界的人？

至于我的生存，也变得越来越成为负担，我没有您那些理由可以去咒骂。这一个月，我在物质上遇到空前的困难。重新拥有财产的希望已破灭，我的命运要等一月末才能定下来。一些朋友知道我的窘境，要帮我获得相应的地位，您很了解我，当能想见我的答案：决不！"荣誉不增荣，街头适见谄，履职变蠢材"，这条铭言是可以记取的。宁可在农村小客店过日子，也不去取库银当老爷。老友泰纳向我吹捧法兰西学院，可那不是我去的地方。人各有志。

在痛苦（得了黄疸病）中，我还继续写作。6 月以来，写了三章；其中两章还是 9 月之后写的。现在还剩三章。但在重新动笔之前，我得好好读 4 个月的书！

我外甥女要我对您说"一切最友好的话"。祝您和夫君"生活幸福"。

爱您的老友。

迪东老爹寄我一书[1]，我的回复用小字写了整整 4 页。两极是永远不会相遇的，而认为两极中的一极将消失，那是很蠢的。

---

1 指《没有上帝的科学》。

致莱奥妮·薄蕾娜

1878 年 12 月 30 日

星期一晚于柯瓦塞

亲爱的美人儿：

　　刚才（四点钟）收到那盒东西[1]，赠礼现正在消化中；两件东西都很好，承你想到使徒波利卡普[2]。您今晨的来信使我感动，我感到您爱我，从心底向您致谢。怎么？我给您写了一封"悲惨的信"？我理应对您坦率，我把自认为对的都告诉了您。如果早知道这会使您痛心，那我本该沉默的。

　　我经历了激烈的冲击，感到双重的烦恼，这就是我发

1　莱奥妮寄给福楼拜一盒巧克力。

2　福楼拜选择圣波利卡普作为自己的主保圣人，因此也常自称柯瓦塞的波利卡普。参见 1880 年 4 月 28 日致甥女卡罗琳函。编注。

愁的原因。但我会适应的，慢慢会变得"平静"。

求您别对我提位子或职务之类！善良的公主与您有同样的想法，用不同的词汇表达了相同的思想。但此事使我烦。要我说那句话[1]，那是屈辱，您明白吗？

物质上的艰难不能妨碍我的工作。我从来没有像如今这样勤奋过。现在我正准备我的书的最后三章。波利卡普在玄学和宗教中迷了路。重新写作之前，得把自己认为巨大的工程[2]先打发掉，这会带我去夏朗东[3]，假如我不是头脑健全的话。而且这是我的秘密。不过我的目的会达不到，原因很简单，就是读者不读我的书；一打开书，可能就昏昏欲睡。

拉皮埃尔夫人前天对我外甥女说，您又再次病倒了，可怜的人儿！由于出血，您漂亮的面孔会受到损害。然而我是理想主义者，仍然期望您能好转。您经常痛苦，这使我困惑、悲痛。我相信，精神很重要。您太忧伤、太孤单。人家爱您爱得不够，但在这个世界上没有任何完善之物，生活是一种恶劣的"发明"。我们都在沙漠中，谁也不了解谁。

1　指同意玛蒂尔德公主的提议担任某一职务。

2　指阅读参考资料。

3　意指"疯人院"。

一年又要开始了！祝您来年比今年好！愿您新年幸福。有一件事比健康更重要，就是脾气要好。希望上天给我们好脾气。

我忘了一个小故事，您听了一定会发笑。上星期五，我在鲁昂大教堂参加葬礼。一位丧葬职员称我为"神父先生"，大概看了我的针织上衣和帽子，便断定我是教堂里的人，真有意思！

我什么时候去巴黎？不知道，有些原因迫使我一直待在此间，长期待在此间。这不会使我高兴，但是……！

再见啦，热烈拥抱您。

致莱奥妮·薄蕾娜

1879 年 12 月 10 日
星期三夜于柯瓦塞

亲爱的美人儿：

来信可爱之至！我得向您致谢！请您待在我面前，让我好好看看您可爱的容颜。让我吻您，随意摸您、拍您！吻您美丽的双眼、美丽的眉毛，您……总之，您身上一切美丽的地方。

再过 24 个小时[1]，明天，12 月 12 日，您的不肖奴才就五十有八啦！我真希望是青春二十五。管他呢，反正我的心是年轻的。

像您说的那样，也许我是一个"女性化的男人"！似

---

1 从上下文推断，写信时间当在午夜，也即 12 月 11 日凌晨。编注。

乎我的故里在莱斯波斯岛[1]。我具有莱斯波斯人的细腻和慵懒。而且，我过去和现在，生活都不太合乎卫生。也罢，我这好好先生还活着。反正还活着！他希望月内能开始写最后一章。这本书完成之后，负担就减轻不少啦。

今晨，拉皮埃尔给我寄来一篇左拉的文章，此文真是"面面俱到"。窃以为是对的。公众对《情感教育》一书是不公平的，对结尾的判断尤令我气愤，虽然我并不认为自己是出于傲气。

您说，乔治·桑、莫泊桑和我成"三友"，真是说得好哇。我希望明年变成"四友"。

您何时出发？哼，多恶劣的天气。这里也许缺少欢乐。请尽量别冻着，别焦躁。

向小妹妹问候，致以最大的柔情。

---

1 莱斯波斯岛，希腊岛屿，古希腊女诗人萨福和她的女性同伴生活的地方。参见前文 1853 年 9 月 16 日致鲁伊丝·高莱函。编注。

致甥女卡罗琳

1879 年 12 月 31 日
星期三晚于柯瓦塞

愿 1880 对你是个轻松的年头，亲爱的孩子！

祝你身体好，画展获得成功，事业顺利！就我自己而言，特别要补充：《布法尔与白居榭》写完了！因为，坦率地讲，我已没力量再写了。

有些日子像今天一样，我累得要掉眼泪。拿起笔来也很勉强！我本应当休息。但怎样休息？……在哪里休息？……用什么来休息？

不过，还要再过两周，希望能结束眼下这一章！这将使我重新获得生机，我希望是这样！再过三四个月，当最后一章写完，我还得干六至八个月（写下部）！！！这样的前景在我已厌倦的时候，令我十分害怕。可是，这样的书前人写过吗？我想还没有！

为了使自己重新振作起来，那位先生在进行食补。屠格涅夫送的鱼子酱和甥女拿来的黄油是午餐的基本内容。薄蕾娜夫人送了我一罐生姜，外加一个斯特拉斯堡的砂锅（它会令您啧啧称奇！）。

昨天，苏珊娜在薄蕾娜夫人的招待会上说了一句妙语："高曼维勒夫人[1]没有来，多么可惜！"

朱莉小姐怕我忘记她表示的新年祝贺。作为新年祝贺，你猜猜我收到了谁的一封来信。

是拉波博先生的信！随同此件附上那封信。你有什么看法？我当然不会答复他。

亲爱的萝萝，你想现在来，是多么好的主意！我们已被烂泥淹没。由于这些泥淖和地上的薄冰，已经不可能赴约。

刚才，我又差点儿弄破一只手。

还有一件不舒服的事：老是有人来为穷人募捐（时时有人按门铃，对我干扰甚大）。不过，苏珊娜总能够客客气气地把他们打发走，而且自己不动声色。

我的灯很好使。所以，请帮忙立刻付款给卡尔赛尔夫人。此事等候你的答复。

---

1 指卡罗琳。高曼维勒是其夫姓。

再说些什么呢？我看不出还有任何要说的事了。

明天醒来时，希望能看到你的复信。

但也许邮递员会晚点。此信可能在你晚餐时寄到。

请惦记我这老人：他孤独一人，在小客厅的大柱子前向小炉灶里吐痰，他的伙伴只有一只狗。多奇妙的"艺术家的生活"！

就此停笔。吻你的双颊。

克罗-马侬［大马熊］[1]

1　福楼拜和甥女之间所用的昵称。编注。

致玛格丽特·夏邦蒂埃

1880 年 1 月 13 日
星期二

亲爱的玛格丽特夫人：

您那张可爱的新年贺卡，在到我住所之前，已绕了不少路，只因邮局看不清楚地址，而我觉得清晰可读。

本来，应是我首先给您写信！我的粗野无礼有一借口，就是我累得要命。

有时，我连提笔的力气也没有。而这一切是为了什么？为了夏邦蒂埃出版社。

今天才写完倒数第二章！下星期一开始写最后一章，还得有三四个月的活计。

现在说另一件并不新鲜的事：请您夫君现在（也就是说在 4 月底之前）帮我个人一个忙，就是出版莫泊桑的诗集[1]。因为这样做，就可以让这位年轻人为法国读者奉献他的一小件成品。

我坚持一点：这位莫泊桑有很高很高的天赋。这一点我是肯定的，我想，我是在说内行话。他的诗句并不枯燥，这对读者是顶要紧的一点。他是一位诗人，不是靠运气，也不是耍小聪明。总之，他是我的门生，我如爱子一般喜爱他。

以上几点理由假如您的夫君不接受，那我可要埋怨他啦，这肯定无疑。

还有，同一位夏邦蒂埃先生没有把左拉关于《情感教育》的那篇出色文章转给我，为此似应当向我道歉呢。假如不是鲁昂一友人寄来，我就会失去这篇恭维拙作的文章。

请为我吻您的孩子。我年事已高，应能允许自己先吻他们的母亲。

咱们什么时候能生一个小出版商呢？

1　包括莫泊桑四五年来的诗作，共 25 首。

辑二　个性化与非个性化

致路易·布耶

假如写旅行观感，脑子里想到的事，提笔都能写下来，我想你一定会收到一些有趣的信。但一打开纸篓，一些想法都不翼而飞了。且别理会，写成什么样就什么样罢。

昨天上午才到君士坦丁堡[1]，今天还无可奉告。我记得傅立叶有这看法：君士坦丁堡日后会成世界的首府，它跟人类一样广大无边。你进入巴黎就有被压倒之感，在这里会有同样感觉。熙熙攘攘的陌生人群和你擦肩而过，波斯人、印度人，以及美国人、英国人，种种不同的个性，加起来足以把你压瘪。再者，此城极为开阔，上街就不辨东南西北，看不到何处是头何处是尾。

1　福楼拜与杜刚于 1849 年 11 月启程进行了 18 个月的中东之行。

就在城里，公墓处处，像一簇簇林子。从加拉达圆塔上俯视，可瞥见各种住宅和清真寺（沿博斯普鲁斯海峡和黄金角一带，船桅蔽空），房屋也可比作船舶，像一支不动的船队，而清真寺的尖塔便是桅杆（比喻有点牵强，姑妄言之）。曾走过男妓街，从业者在买甜品，用的当然是出卖屁股挣来的钱。下身以此偿还肚子的供养。在底层大厅里，听见刺耳的提琴声，原来有人在跳"罗美伊克"舞。舞者一般是来自希腊的年轻人，留着长发。

明天拟将阁下大名——Loué Bouilhette（按土耳其读音）——用蓝底金字印制在硬纸标牌上，做成礼物，借以装饰你的房间；日后你看到这标牌，会想起，我人在旅途，还随时与你同行。在制作所，谈好了纸板、缘饰、价钱；接着到巴扎雷清真寺喂鸽子。喂鸽子算一桩善举。院子里有上百只鸽子。人一进去，便从屋顶檐角四面飞来，降落到石板地上。港口也有多种飞禽。船艇之间，可见到鸬鹚飞来飞去，或栖息于水波之上。屋顶上处处是鹳鸟的窝，冬天鸟去巢空。山羊和驴子在墓园里自在地啮草，入夜，士兵便和妓女在这里胡调。当地公墓，可谓东方胜景之一。没有此类设施那种庄严肃穆、阴森不快之感。没有围墙，没有沟渠，没有隔篱，没有栅栏。可以陡然出现在乡间或城里，不分地域和时间，犹如死神一样，在你生活得好好儿的时候，一不留神，突然降临你的身旁。穿过一处墓场，就像走过一个市场。坟头都一样，只有新旧年代之别。随着年深月久，逐渐坍塌，直至消失，像对先人不复追念一样（夏多布里昂说过类似的话）。翠柏参天，满目郁郁苍苍，一片静谧。说到胜景，只有君士坦丁堡才真正称得上。啊，多么美的景色，简直像一幅画！但我找不到任何可与勒阿弗尔港[1]比肩的地方。

　　亲爱的先生，应该告诉你，我在贝鲁特中招了，是到了龙骑兵的故乡罗德岛才发现的。始而七个硬下疳，继而合成为二，之后成一。我是带病从马摩里斯（Marmorisse）骑马骑到士麦那（Smyrne）。每天一早一晚，都要给那倒霉的命根子敷药包扎。治疗终算有效。再过两三天，疮疤即可收口。我亦特别小心在意。我疑心是马龙派女信徒送的礼，但也可能是一个土耳其小姑娘。是土耳其小妞，还是那位女基督徒，两人中到底是哪一位？永久的疑问，煞费思量！！！《两世界杂志》讨论东方问题，这个，是他们没想到的一个问题。今晨发现小伙子萨赛蒂发烧（在士麦那已开始）。昨晚，马克西姆——尽管六周来未曾风流过——发现皮肤有两处擦伤，一看就是双头下疳。若是真

_____
1　位于法国西北沿海塞纳河口北岸。

的,那就是我们上路以来,他第三次得病了。旅行之于健康,真说不上有多少好处。

至于我自己,从文学方面讲,实在是茫无头绪。有时感到十分沮丧(此词还不够分量),另一些时候,文思氤氲,热情高涨,全身奋起。稍后又故态复萌,情绪低落。我很少作深长思考,触及什么题目,思想便生发开来——我的观察,尤其侧重在精神层面。从没想到旅行存在这方面的事。而心理的、人文的、可笑的层面,十分富有奇趣。我见到一些讨人喜欢的圆脸孔,各种各样让人眼睛一亮的女人,或衣衫褴褛或珠光宝气,或肮脏破烂或饰带绚丽;骨子里是千古不废的下流行当。这就是社会的底层。打你眼前经过的是何等景象!到了城里,我不时打开一份报纸。看上去社会运行得很好。其实,还不是在火山口上跳舞,而且是在茅厕的盖板上,而这盖板已朽坏得可以。社会眼看就要沦落到19世纪的泥潭里,到时大喊也来不及了。研究这一问题的念头,一直萦绕我心头。很想把这一切全攥住(恕我狂妄),像挤柠檬一样,把汁水挤到我杯子里。回国后,打算跻身社会党人中间,用戏剧形式写点泼辣可笑的东西,当然也要力戒偏颇。话刚到嘴边,墨水已到笔头。有些题材,或许得构想得更清晰,但唯此欲先写为快。

至于题材,手头上有三个,或许归根结底是同一个。

一、《唐璜之夜》，得之于罗德岛的麻风病院；二、《阿努比丝的故事》，写一个欲勾引天主偷情的女人——涉及上苍，下笔难度极大；三、反映弗莱米地区的小说，讲述一个狂热的黄花少女，在父母膝下神秘死去，故事发生在内地一小城。令我困惑的是，三个提纲构思相似。第一个作品，描写在世俗爱与神秘爱两种形式下，爱皆无法满足。第二个，同样的故事，只是境界稍低，世俗爱写得愈明确，格调变得愈鄙俗。第三个故事，由世俗爱进于神秘爱，集中在同一女人身上，女主人公始于意淫，亡于宗教上的"自淫"。唉，我觉得自己剖析胎儿过多，反生不出孩子来，思虑得过于清晰，执笔时更加惶恐。这点必须克服。为今之计，我必须确定自己的经纬。欲生活得放心安然，对自己能力应有个估价，有个定评，方可施展拳脚。得认识自己之所长及局限，然后开始耕耘。我对自己潜质的了解，一如同龄人对社会生活的认识；我觉得需要自立门户。

士麦那天气阴雨，不能外出，我从阅览室借来欧仁·苏的《亚瑟》。读来叫人作呕，不堪形容。读后方觉金钱、功名还有众生之可悲。文学已得了肺病：痨咳，多痰，发疱，不住地挠头，连头发都掉光了。要有艺术界的基督，来治愈这患者。早在古代，已这样做。中世纪同样这么做。剩下现代怎么办？但基础已动摇。把根基打在哪里？为文学的生机和寿命，就需要付出这样的代价。我为此忧心忡忡，甚至不愿听别人谈起这话题。有时愤激得像刚刑满释放的苦役奴，听人说起最新赎罪条例火冒三丈。尤其同马克西姆在一起，小伙子不善应变，不会说顺耳话，而我急需人家的鼓励鞭策。另一方面，我甚虚荣，不会低声下气求人给我打气。

我准备重读《伊利亚特》。半月之后，将去特鲁阿特（Troade）作短期旅行。一月份将到希腊。恨自己学识如此贫乏。至少，希腊文略懂一点也好啊！时间浪费得何其多啊！

宁静的心态，已离我一去而不返！

一个人旅行在外，还能像在家一样，天天在厕所照镜子自观，保持一贯尊严的，一定是了不起的伟人，或者便是天大的傻瓜。不知何故，我变得很谦卑。

途经阿比多斯（Abydos）[1]时，我常想起拜伦。那儿是他诗中写到的东方，是奥斯曼帝国的东方，是腰挎马刀、身着阿尔巴尼亚服装的东方，是格子窗朝向蓝色海涛的东方。但我更喜欢沙漠的东方，阿拉伯人游牧的东方，喜欢非洲赤日炎炎的腹地，以及鳄鱼、骆驼、长颈鹿……

---

1 位于希腊。

遗憾不能去波斯。（还是缺钱、缺钱！）梦想游历亚洲，从陆路去中国，梦想一些不可能实现的旅游，去印度或加利福尼亚，从人文角度很有意思。其他时光，想到我柯瓦塞的书房，我们星期天的聚首，不禁动情而泣。啊，我日后会怀念这次旅行，愿意再来一次。我永远会对自己说："傻瓜，你还没有玩够呢。"

很想把亚哲诺尔（Agénor）这个人物捡起来重起灶炉，那的确太美了。有一天，骑在马背上高声吟诵了几句，笑得前仰后合。回国后，这倒是个好消遣，可以解解闷。

我又想到拟写的《庸见辞典》。医药方面，可收许多好条目，博物等科也一样。至于动物学，有些词条不尽如人意，譬如"龙虾"：什么是龙虾？——龙虾是雌性的鳌虾。

巴尔扎克之死，为什么令我如此悲痛？一位受人敬仰的人辞世，大家都难免哀伤。——他活着，本希望有机会认识他，相亲相近。是的，他很了不起，深刻了解他的时代。他对妇女，深有研究，想不到新婚不久，便故去了。他所熟知的社会，也开始走向后期。随着路易·菲力普的下台，旧时局面一去不复返了。现在的风笛不应再奏前朝曲了。

为什么我如此怀念埃及，很想重游尼罗河，重见库楚克-哈内姆[1]？这些已不重要，总之，我曾在那里度过的一个良宵，为一生所少有。领略其妙处。也很想念你老兄！

拉杂写来，似没什么很有趣的事。我要就寝了，明天再聊旅途见闻吧。总比喋喋不休老说自己的事儿要有味道，说得我连自己也腻烦了。

15 日晨。

昨天参观当地人做礼拜，托钵僧跳转身舞真是不可思议。此前在埃及见过，也就不以为奇了。在场的人，一个个溜走了。座旁一个跑街，竟把铃鼓（tam bourins）当成荷兰奶酪。

在穆拉赫（Mouglah），住科斯湾附近，马克西姆寻来一小女孩来干好事。她几乎不懂是怎么回事。小姑娘十二三岁。他捉住女孩双手按在自己那话儿上来回晃动。

邮班时间到了。再见啦，老兄。复函请即寄君士坦丁堡。下一站是雅典。

拥抱你。

你的老友

1　库楚克-哈内姆（Kuchuk-Hanem），埃及名妓。

致马克西姆·杜刚

1851 年 10 月 21 日
星期二于柯瓦塞

急盼你来这里，咱们可以促膝长谈，然后我可做出决定。上星期天，一起读了《圣安东尼的诱惑》片段：阿波罗纽斯、天神，以及第二部的下半部分，即女校书姐玛儿、纳布甲铎诺索、斯芬克斯、怪兽，还有各类动物。片段发表，甚难取舍，你会看到这一点。书里有写得很好的地方，然而，片段本身不能自矜自足。我想，奇特，也许是最宽容，或者是最明智的评语。当然，会有许多人不理解这部作品，但会表示欣赏，怕别人比他们懂得多。布耶反对出版，说书里有我的全部缺点，以及若干优点。他认为，出这本书，等于中伤我自己。

下周日，我们将读到诸神部分，也许这一内容最能形成一个整体。至于我本人，对此书及其主要问题，并没有自己的看法。我不知怎么去想，完全站在中间立场。到目前为止，还没人说我缺乏个性，没表现出我的小我。唉，文艺家最重要的品质，我却完全没有，我自暴自弃，渐渐消亡，而且，不思奋力改变！我尽量想形成一种主见，却一无所获。正面意见，反面意见，我觉得都好。我会以扔硬币看正反面的办法，做出决定。正也罢，反也罢，不会对选择的结果感到后悔。

我看出版此书，将是世上最蠢之举。人家要我出版，那是出于仿效、顺从，自己并没任何主动——我既无需要，也无欲望。难道你不认为：只应做良知促使你做的事吗？一个笨伯在友人"非上不可"的怂恿下，在自己毫无此意的情况下，跑去决斗，比另一个忍气吞声、安安静静待在自己家里的笨伯，更为可悲。

是的，令我再次恼怒的，是这一切并非出于己意，而是另一个人、另一些人的意思……或许证明我错了。

然而，再往长远看。我如果出书，一定把书出版出来，决不半途而废。做一桩事，就要把事情做好。

我将去巴黎过冬，跟别人没什么两样。过痴情的、好奇的，也使人好奇的生活。会做许多令自己反感，并觉得自己可怜的事。唉！我只配这么做吗？你知道我这个人热情而又有种种不足。我体内各种无所作为的因素，脑际的烟云雾障，你要是知道就好了！凡做什么事，都觉得厌烦透顶。费很大气力，才抓住一个清晰的念头。你看到的，只是我青春的末期；整个青年时代把我泡进了天知道是什么的麻醉剂里，够我余生消受的了。我厌恶生活，话既说出口，就算数了。是的，是厌恶。厌恶一切唤起我须"忍受"生活的种种。吃饭，穿衣，甚至起立，都让人烦。这种状态带到一切方面，一切地方：在中学阶段，在鲁昂，在巴黎，在尼罗河旅游途中。你天性干脆，做事有条不紊，对我这种诺曼底人作风很看不惯，我也拙于表示歉意，为此你有时对我很不客气，不是滋味。我尽量不放在心上，但那一刻着实不好受。

你相信吗，一直到 30 岁，我按照一种事先未同任何人商量过的意见，过着这种受你责难的生活。为什么我没养情妇？为什么主张贞洁端庄？为什么一直躲在内地的"沼泽"里？你不至于以为我不擅房事吧？不想到巴黎当体面的先生？不错，那样做会很开心。请你帮我考虑我的境遇，看看是否可行？老天爷并没有注定我只该如此，而不能做一个玲珑圆滑的人。像我这样没几个情妇的男人很少，这是受戴奥菲[1]崇尚雕塑之美的惩罚。我吝于发表，正是我早年荣誉观之咎。一个人不应走他自己的路吗？如果说我不愿走动，也许我也有我的道理。我有时甚至认为"写一本通情达理的书"，这想法本身就错了。为什么不放笔抒情，大喊大叫，写点玄虚荒唐的东西？谁知道呢？或许有一天我会写出属于我自己的书来。

我承认志在著述，但这又怎么样呢？比我强的人，也不见得成功。谁知道四年后我不成一白痴、下流胚？

并不是说，我不能有所行动。有两次，为了你和阿契尔，投入进去，并取得成功。但是这样不能持久，而且本身要有乐趣。胳膊虽有力，但缺少韧劲，韧劲才是一切。如果我是个走江湖的，可以举起重物，也永远不会举着重物招摇过市。隐性的大胆与灵活，必备的礼仪，行事的艺术，对我都是"不解之谜"，因此会做出很多蠢事来。

缪斯[2]责怪我"跟着母亲的裙子转"……昨天我跟她长谈一次，她跟我一样，并无定见。最后她说："假如你认为写出了好东西，那就发表吧！"看来我已大有进展。

上面所说的一切，亲爱的老友，只是作为思想的题目。那就请你代为思想吧，以作全盘的考虑。我在《情感教育》

---

1 指戈蒂埃。
2 指鲁伊丝·高莱。

中说过："即使在最贴己的倾诉中，也有没有说出的话。"
我对你，已言无不尽了。开始写信时，没想到会说这么多。
笔下自来，任其自在行吧。这样，半月后的会商，倒可能
大大简略。再见啦，拥抱你！

居·福楼拜

致鲁伊丝·高莱

1852 年 1 月 16 日
星期五晚于柯瓦塞

也许十二月事变期间，我给哈丽特小姐（Miss Harriet）的信她未收到，因未见复信。要不要让她把你的手稿本[1]寄回？

亲爱的朋友，你对《情感教育》那几部分这样热情，令我惊讶。当然不错，但与其他部分，差距不像你说的那么大。我不同意将于勒部分抽出来另成篇章，应考虑全书的结构。有亨利的对照，于勒的性格才有光彩。两个人物，任何一个孤立起来，就会显得贫弱。开头只想到亨利的性格。作为反衬，才构思于勒这个人物的。

谈艺术的几页，你觉得印象深刻，其实并不难写。若

1　高莱经济拮据，拟在英出售手稿本。

重写，会写得更好。行文有热情，但可以写得更概括一些。近来，我在美学方面略有寸进，或者说，先前的看法更坚执了。知道该怎么写了。啊，上帝，倘若能写出我意想中的风格，那我将是何等的作家！小说中有一章不错，可惜你没提及，那是写他们美洲之旅和后来的倦怠，一步一步都有描述。关于"意大利之行"，你我看法相同。这是虚荣心的胜利，可代价不小，我承认。只是猜测得准罢了。

我不像人家说的那么耽于梦想，我只是能像近视眼那样观察事物，俯得很低，能看到事物的"毛孔"。从文学角度说，我身上有两个截然不同的人：一个喜欢叫喊，喜欢抒情，句子要响亮，雄鹰般展翅四顾，达到思想的顶峰；另一个癖好在搜索、挖掘，事无巨细，予以有力的呈现，让人实实在在感受到他所写的真相，而且性喜揶揄，以表现人身上的"兽性"为乐。《情感教育》无意中成了我两种倾向的融合（其实分成两本，一本写人性，一本重抒情，更容易），但没成功。无论谁来（还得我来）修改，总有缺陷。书里欠缺甚多，一本书不优胜，盖在缺失。优点总不会成缺点，而且不愁其多。不过，一个长处吞噬了另一长处，那优点还成其为优点吗？《情感教育》反正得重写或大改，有两三章要重新来过，我觉得这是顶难的。还要补写一章，像主干上长出分枝，说明为什么是此人而不是另一人，是这样的行为导致这等结果。原因交代清楚，结果也就有了，但因果关系不清楚。这是书的缺陷，与题目不符。

我对你说过，《情感教育》是一种尝试，《圣安东尼的诱惑》是又一尝试。只要定下主题，就可得大自在，或抒情，或跌宕起伏，或杂沓而至，率性而行。不像那伟大的 18 个月，文风上刻意求工。那时，项链上的每颗珍珠，都煞费苦心精雕细刻。唯一忘了的，是绳贯珠联的那根连线。第二次尝试，还不及第一次。此番是第三次。此其时也，不成功便跳窗！

我认为的好书，愿意写的，是一本不谈什么的书，不受外在牵连，全仗文笔内在的力量，就像地球全无支撑，却在空中运行。如果可能的话，书中几乎没什么主题，至少是没有明显的主题。最好的作品，素材也最少，而表达更贴近思想，文字更加贴切，甚至隐没在思想里，这才是真的美。依我之见，文艺的前途实有赖于此。艺术越上层次，便越升华，从古埃及神庙的塔门到哥特式的尖顶，从印度的万行长诗到拜伦的隽永短章。形式技巧越圆熟，同时也愈在消弭自己。形式离弃了一切仪规、定则、分寸，不取史诗而取小说，不取韵文而取散文，不承认正统，像自由意志那样自在写作。超越物性，这种现象到处可见；各种政体，从东方的极权主义到未来的社会主义，也紧随其后。

从纯艺术角度看，几乎可确言，主题本身并无高低上下之分。风格只是艺术家看待事物的方式而已。

这些想法，直接可以写一本书来发挥，不过待到老年乏善可陈时再写吧。目前，暂且专心写小说。写《圣安东尼》的顺畅笔力，能否再来？老天帮忙，但愿结果能别开生面。我写得很慢：四天才五页！聊遣时自娱。亦复得宁静。

天气真糟糕，河流像海洋涨水，窗下连走过的猫都没有。生了很旺一盆火。

想念你。

致鲁伊丝·高莱

1852 年 2 月 8 日
于柯瓦塞

　　我总算有你这个《圣安东尼》迷了。嗨！我终于写成
了一本书！很了不起呀！你所提各点，我不全接受，总觉
得朋友们不愿看到书中巧思，被低估了；我不说不公允，
是低估了。至于你提出需改的地方，以后再谈吧。很繁重。
我很厌恶，又回到原先抛弃的思想氛围。现在要做的，是
改得与相邻部分风格相同。要我重写《圣安东尼》，困难
不少。不是马上就成的。我现在到了另一天地，注意观察
最平淡无奇的细节。我的目光，凝视发霉的灵魂上长出的
苔藓。离《圣安东尼》神话与宗教的光辉已有很远距离。
主题不同，写法也得换过。力求在书中没有作者的一点意
念，一点思考。《包法利夫人》在思想方面，不如《圣安

东尼》高（思想不思想，我不甚看重），但也许更难置信，更难能可贵，虽然表面看不出来。再者，不要再谈《圣安东尼》了，令我心烦意乱，又去思量，浪费无谓的时光。写得好，最好不过；写得不好，就作罢。如果还好，何时发表就无所谓。属第二种情况，本该完蛋，发表又有何用。

本周进展不错，将于一月或五周后，去巴黎。很显然，第一部分四月底前完不成。还得干整整一年，每天实足八小时！其余时间用于学希腊文和英文。再过一个月，便可直接读莎士比亚，能很顺畅或接近顺畅。

晚上看歌德戏剧，《铁手骑士葛兹·封·贝利欣根》是多好的剧本！

友人安东尼·德尚的诗[1]，甚不错！

是的，你对我来说，是一种"放松"，是最好最深邃的一种。（乃心灵的放松，想到你，自不免动情。）你一直很爱我，可怜的女人，现在，在爱之外，更赞赏我，更加谢谢！

你给我的，比我给你的，多得多。灵魂中最高尚的，乃是从灵魂中涌出的热情！

再见啦，亲爱的、善良的鲁伊丝！谢谢你寄来有关中国的节录。吻你后颈！

1　该诗发表在1852年2月1日的《巴黎杂志》上。

致鲁伊丝·高莱

1852 年 4 月 24 日
星期六晚于柯瓦塞

啊！我很高兴，一觉醒来，情绪很好，亲爱的鲁伊丝！今天的工作已完成，而时间还早，依你的愿望，与你多聊聊。

你的诉苦信，灰心丧气，没有即复，因正在狂热工作中。前天晨五点睡，昨天三点睡。从星期一起把所有事搁一边，整个礼拜都在刨《包法利》，苦于进展不快。现在写到舞会，周一开始的。希望后面能顺利。上次与你见面以来，写了25 页（6 个礼拜才 25 页）。推进不力。明天去念给布耶听。至于我，反复推敲、抄写、修改、润饰，搅得头昏脑涨。你说起过"泄气时光"。要是你看到我泄气样儿！不知为什么，有时两臂无力，脑子昏昏沉沉。生活严酷，缺少外来的乐趣。支持我的，是一股狠劲，有时为自己力不从心而暗泣，但还坚持着。狂热地喜爱我的劳作，像苦行僧乐于让粗布衣擦痛肚皮。

有时脑子空空如也，词句不来，涂鸦半天竟没写成一句，倒在沙发上，呆头呆脑，掉在烦恼的沼泽地里。恨自己太自负，追逐幻梦，空抛心力。过了一刻钟，一切都变了，心儿又高兴得怦怦跳。上星期三我泪流满面，不得不起身去找一块手帕。边写作边得意，十分愉悦，为一个想法而兴奋，为一句好句而欣喜，为能有斩获而感到满足。至少，我认为在这种兴奋中万物皆备，而精神比其余一切更占地位，品格也更高。有几次（在大太阳的日子），受到令我全身震颤的热情光照，窥到高于生命的灵魂；达到了这一境界，荣耀不值一提，甚至快慰也枉然无用。如果周围的一切，没把你窒息在泥坑里，而维系在一种健全的机制里，说不定美学会找到禁欲主义在道德中所要找的要义——希腊艺术，不是一般的艺术，而是整个民族，整个宗族，甚至整个国家的根本创造。希腊的山体有完全不同的线条，那是在为雕刻家提供大理石。

随着时日推移，艺术将会有科学性，而科学也将带有艺术色彩。两者的根底是分开的，而顶端会连接在一起。人类的任何思想，都无法预见未来的作品会发出怎样的灵性之光。如今，我们是在黑暗中摸索。我们手无撬棒，大地在足下滑走。文人墨客都缺一个支撑点。这一切有何用处？空谈能起什么作用？我们与群众没任何联系，对群众，尤其对我们，都不好。但是，每事每物都有其理由。个人的遐想与千百万人的胃口，一样合法。撇开具体事情不谈，人类否认我们，我们独立于人类之外，应当为自己的志向而活——躲进象牙之塔，像印度舞女躲进香粉堆里，独自做自己的梦。我有时很苦闷很空虚，产生种种怀疑，适足以嘲笑我过于天真的沾沾自喜。但丝毫不变，觉得自己尽了职责。我顺从更高层次的天命，我善事艺文，我在正道中。

谈一下《葛拉齐埃拉》。此乃平庸之作，虽是拉马丁最好的散文作品。有些细节写得甚美，如老渔夫躺在沙滩上，雏燕从他苍鬓边掠过，葛拉齐埃拉床边挂有小装饰，坐下来雕琢珊瑚。关于自然景色，有两三个比喻很恰当，像眨眼一样灵光一闪，如此而已……爱情故事很美，为神秘所包围，使人不知信什么好！性的结合以及饮食尿溺等，都退居其次。一偏之见，令人厌烦。一个男子汉与一个女人长期住在一起，彼此相爱，却没有欲念！没有不洁的云翳飘过蔚蓝的湖面！哦，多么虚伪！

拉马丁若能讲讲真话该有多好啊。但真话，不像文雅的拉马丁，而要更具雄性气概的男性才能讲——描写天使比刻画平凡的女人容易。翅膀可以遮住驼背。还有一事：拉马丁怀着绝望情绪参拜庞贝遗址、维苏威火山，这本是提高修养的好办法，书中却没一句动情的话，从颂扬梵蒂冈圣彼得广场开始，那是冰凉的夸张建筑，要紧的是要能欣赏……那不勒斯并不单调，那里有可爱的女人，要价也不高。拉马丁大爷首先图了这方便……但写的却是些俗套假话。要知道，女人也读他的书。啊，谎言呀谎言，真是奇蠢无比！

这个故事，无疑是真正发生的，足可以写成一本好书：那不勒斯一年轻人，在各种消遣之外，算他运气，得与渔夫的女儿睡觉，始乱终弃，但她没死，就去寻找安慰，这就更普遍，更苦涩啦。《天真汉》的结局显示出，第一流的天才要有独立的个性，这是拉马丁所不具备的。对生活深刻的观察，对真实的洞见，才能达致激动人心的效果。关于激情，再说一句：在诗篇结束之前，拉马丁不忘告诉我们，这部作品是他一气呵成，一边流泪一边写的。多么美妙的作诗方法！

是的，我再说一遍，就材料本身而言，足以写成一本好书，然而。

关于戈蒂埃的诗篇，我同意哲人的看法。这些诗作很弱，而文人的无知尤为可怕。《梅莱尼斯》[1]好像是一部博学之作，每个中学毕业生都应该晓得。但实际上他们读吗？有时间读吗？对他们有什么用？世人陷入了思想的"肥胖症"，还误以为那就是健康的表现！这位好心的戈蒂埃，天生应成为精致的艺术家，但报刊专栏、日常的繁忙、贫穷，将他降格到一般水平。倘有一支严肃的笔，哲人的笔，哪天给这些可爱的先生一顿鞭笞，我才痛快呢。

再回到《葛拉齐埃拉》，其中一段写到"早晨起床"云云。这哪像出自一位大作家的手笔！千万别落入这种俗套。对风格，我有自己一种看法：风格求美。十年后，千年后，会出现这样的人才，作品要像诗一样有节奏，像科学语言一样精确，要有起伏，像大提琴声一样沉稳，像短剑一样扎进你思想，使你的思绪像顺风船一样，在平滑的水面自在滑行。散文是近时的产物，不像诗古已有之，诗有各种韵律的组合，而散文作法，尚付阙如。

罗捷夫人的故事很有趣，而船长[2]的形象很体面，一表

1　布耶作品。

2　指 Arpentigny，高莱之友，职业军人，外号"船长"。

人才。你寄来你们谈话片段，产生如读莫里哀喜剧一样的效果。可怜的小女人！当她发现自己心爱的男友[1]竟是一个笨伯，又是多么可悲！真想看看她的住所，了解她的日常起居。若把你文学家的关切放一点到人情世故方面，你一定会有同感。你有精细的一面，也很精明灵巧、眼光敏锐，至于风趣，则稍逊……

你说，我关于女人的思考很奇特，认为她们不够自由。这倒不错。世人教她们撒谎，又对她们说了那么多谎言。谁都不会对她们说真话。你对她们很真诚，那算你倒霉，她们对这种怪象反会恼怒。我责怪她们的是，尤其老要诗化。一个男子可以爱上洗衣妇，明知她很蠢，照样可以有云雨之乐。如果女的爱上粗人，那倒是有福。这种下峰官司（就爱本身而言，反倒是上峰），使她们老是抱怨。向苹果树要蜜橘，这是她们的通病。

女人对自己也不真诚，不肯承认自己的欲情。——她们把屁股当成良心，以为月亮就为照明她们的闺房。不知羞耻是对邪恶的嘲弄，女人这毛病也是矫情的。交际花是一种神话。女人的心好比一架钢琴，自私的男子用来弹奏足以炫耀自己的曲子，所有的琴键都可以用上。爱情方面，

1　指 Louis Enault，当时是罗捷夫人的情人。

女人没有"后店"，毫无保留；不像男人，表面豪爽，内心里总保留一点供一己所用的私货。

道德说教说够了，还是谈谈咱们自己吧。你身体如何？何所事事？

天晓得，普拉迪埃[1]说我秃顶，并不真实！头发又长出来啦。只是最近三周，我那些可怜的头发像政治信念一样，纷纷散落。不知"涂不癞"（Tuburel）固发灵是否灵光，烦寄两瓶来试试。可与《布列塔尼》打一包寄递，暂存你处也可。

你要我说些温情话，虽没说，但总心心念念想着。每次想到你，都感到甜蜜。我去巴黎，你是唯一的吸引，是我生命中的绿洲：得以饮水解渴，在你膝下消除疲劳。在我脑海里，巴黎之行五光十色，沐浴着愉悦之光。之所以没走得更勤，是出于节制，不要太打扰你。请稍耐心，不久我们能更常在一起。过一年或一年半，我想在巴黎找一住处，以便常来常往，可以接连住几个月。至于眼下，写完第一部我就来。确切时间不知道，总不会超过一个月。拟住一周。你会发现，我们会过得很愉快。而且，我怎么会不爱你呢，亲爱的娘子？你那么爱我，你的爱，善良而

1　詹姆斯·普拉迪埃（James Pradier，1790—1852），雕刻家。

无私。你说了那么多中听的话，又并不是为奉承我。是实情借你而言，日后别人承认你所言关于我的一切，我将骄傲地想起你的预言。假如相反，我一直默默无闻，那你是我地牢里的一束阳光，孤寂中的一曲凯歌。身卑地远，我一直关注着你的生活，揣测你的一切，仿佛如在眼前。耳中常听见你笃笃走在地板上的鞋声。从这里，似乎看见你侧着头在小圆桌上奋笔疾书，烛光照映，听见亨丽埃特[1]隔着隔板同你说话。感觉到手指抚摸着你细嫩的皮肤，左臂感到你倾侧的身腰。

恨一生无多少逸乐（虽希望能多一些），承你赐予我若干。也没得到多少爱，尤其是幸福的爱，我感到对你充满一种平静却深沉的感情。我从你那儿也得到最好的情爱。我年轻时为痴情也几度神魂颠倒。就像一个驿站，停满了大车的脚夫。为此还心有余悸。现在只好叹老啦。愁苦中浪掷多少精力，谁也估量不出。我在想，假如我的生活是外向，而非像现在这样内向，我会是怎样一个人呢？我所企望的一切是否都能得到？

只有在内地，在这里的文艺环境中，我才能集中精神。这些，巴黎的年轻人都不知道。噢，中学时代的宿舍哦！

---

[1] 鲁伊丝·高莱的女儿。

那时的悲苦，比我在沙漠里还要浩茫！

午夜已过，再见。吻你千遍万遍。嗨，胡写了些什么？

你的居斯塔夫

致鲁伊丝·高莱

1852 年 7 月 26 日
星期一凌晨 1 点于柯瓦塞

重读一遍第一部分，需 15 整天。发现其间有许多重大疏失。说过下周即去，不会食言。星期一不到，星期三必来，耽一周左右。昨天给布耶念 20 页，他很满意。下星期天，可全部念完。稿子就不带给你了，对你我还知自重自爱，不完稿不会给你看一行，虽然很想反其道而行之。但这样更合情合理，如写得好，你给好评，我会更愉快。不过，还得等一年！

《国度》诗已刊出。鲁昂一家报纸隔天就转载了。昨天到鲁昂看普瓦特万（Poitevin）气艇升空，钦佩不已。你的两首诗中，只有《王家广场》中间一段，真的好；结尾太弱。为什么不发挥你描绘的特长？你长于描绘和写戏，而不那么重感情。记住这一点。笔头功夫，跟心不一样。你取得成功，不是靠感情诗，而是借助强烈的措辞或形象的诗句，像所有南方物种那样。坦然朝这条路走下去。《王家广场》那首诗里，很有些可爱的片段，那是你自己的东西，至少是新东西嘛。再过十四五日，我在巴黎就有住所了，那你日子便不好过了，我是强男，才配对。

不错，下笔是一回事，个性又是一回事。还有人比我更崇古的吗？尽一切去认识古代，做梦都梦到古时。然而，我又是一个最不古的人。表面上人家以为我能写颂歌、正剧，写粗暴场景，其实我乐在分析、解剖。我其实是个糊涂虫，靠耐心和苦功，才去掉肥肉，长点筋骨。我最想写的书，恰恰是最无从下手的书。从这意义上讲，《包法利》是闻所未闻的壮举：主题，人物，效果，一切都外在于我。日后将能跨出一大步。我写这本书，像弹钢琴的人手关节绑上了铅球。当我懂得了指法，合乎情调的曲子自然会从手下流出，捋起袖子就能弹出来，这才妙。我相信，我已步入正道。你所做的，不是为你，而是为别人。艺术无关于艺术家。不喜欢红绿黄没关系。颜色本身很漂亮，关键在于画好。

放心，那年轻人[1]会收到邮包的。不是通过我，由布耶经手。

后天我去鲁昂，一周后再分手。将高兴拥抱你。再见，亲爱的鲁伊丝。

你的居斯塔夫

1　可能指杜刚。

致鲁伊丝·高莱

1852 年 12 月 16 日
星期四凌晨 1 点于柯瓦塞

亲爱的，身体怎么样？

又呕吐，又肚痛，到底怎么回事？可以肯定，你又要做蠢事啦。希望你能完全康复。英兵登陆 [1]，我掩饰不住，实一大快慰。愿司交合之神，别让我再如此焦虑。不知道为什么倒没急病。一度极度忧虑，祝你平安。但之后，真大喜乐可期。

星期六以来，我高高兴兴着笔，大开大合，抒情一番。也许是一道粗制滥造的蹩脚菜！活该，眼下这样写很开心，即使过后全部删掉，这样情形已有过多次。现正写去奶妈家，去走一条小路，回来走另一条，你看，我还在沿袭人

1　参见前文 1852 年 12 月 27 日函。编注。

家的老路。但我也不觉泄气。比起咱们朋友杜刚的书，就更有乡土气息、粪土气息。巴黎人的自然观伤感而干净，没有牛棚，也没有荨麻；他们像囚犯一样，以白痴或童稚的方式热爱自然。在杜伊勒利王宫树木的庇荫下，他们幼年就养成了这样的自然观。说到这里，想起父亲的一位表妹，一次到戴维尔（Deville）来看我们（我只见过她这一次），到处嗅闻，赞不绝口，简直倾倒了。她对我说："表亲呀，你抓一把粪土来，让我用手帕包上带走，我太喜欢这气味啦！"而我们却厌倦乡下，因为天天看，这些气味这些成分都太熟悉了，一点不新鲜。

你讲的罗杰·德·波瓦的故事，马车上挂着饰布，很好呀。题材有的是？

你看，我成了说教者了！是不是老了的标志？但我肯定趋向"高级喜剧"。有时心痒难熬，直想骂人，也许十年后在哪部长篇小说里骂上一通。

目前又想到一个老主意，编一本《庸见词典》（知道是怎样的词典吗？）。序尤使我激奋，并且需用我设想的写法（写成一本书），内容涉及各种各样问题，没什么戒律能限定我。对世人赞同的事物，将予以历史性的揄扬。我将证明，多数派永远有理，少数派永远有错。所有伟人我都送给白痴去糟践，让殉难者死于屠夫之手，而且用一种过甚其词、妙语连珠的文体来写。比如说在文学领域，我将轻而易举地证明：平庸是所有人都够得着的，而且是唯一合法的，因此需要排斥一切种类的创新，并认定它是危险的、愚蠢的。为人类的卑劣辩护，措辞辛辣，毫不留情，大量引文、例证、反证，行文惊世骇俗（这容易办到），目的是一劳永逸，结束所有怪诞的说话。这样就回归到现代的民主、平等概念，而照傅立叶的说法，所有的伟人终将变得一无是处。写作此书的目的，正在于此。书里按字母顺序排序，涉及一切可能涉及的题目，一个体面而亲善的人应能从中找到在社会上该说的一切。

如你可以查到：

ARTISTES 艺术家：全都不图私利。

BQSSUET 波舒哀：莫城雄鹰。

ERECTION 矗立（勃起）：仅指纪念碑。

FENELON 费纳龙：冈布雷的天鹅。

FRANCE 法国：需铁腕人物来治理。

LANGOUSTE 龙虾：母的螯虾。

NEGRESSES 黑种女人：比白种女人更热辣。

我认为，总体极为坚实。全书中没一句是我自己编造的话。凡读过的人，再也不敢随便讲话了，怕顺口说出书里的句子。有些条目可以大加发挥，如男人、女人、朋友、政治、习俗、官员等。

这几天，读贝罗（Perrault）的童话，真是十分可爱。请读这句话："房间很小，连条美丽裙子的裙尾都铺展不开。"效果不是很好吗？还有："各国君主纷至沓来。有的坐轿子，有的坐马车。从最遥远处过来，有骑象骑老虎的，有搭在雄鹰上的。"一般认为，只要还有法国人，都认为布瓦洛是比贝罗更伟大的诗人。其实，在法国，要隐瞒对诗歌的爱好。法国人是讨厌诗的。在所有法国作家中，也许只有龙沙[1]才是地道的诗人。

雕塑的形态已全被描述过，且经反复叙说。给我们剩下的只是人的"外表"了，更为复杂，又远远逃离了形态的多项条件。因此，我认为小说才刚刚诞生，正期待出现自己的"荷马"。巴尔扎克如果善于炼字造句，将会是多么了不起一个作家！他欠缺的，恰恰是这一点。

啊！现代社会所欠缺的，不是一位基督、一位华盛顿，也不是苏格拉底或伏尔泰，而是一位阿里斯托芬，不过，阿里斯托芬在当今会被公众抛石头。再说，有什么必要为

1　龙沙（Pierre de Ronsard, 1524—1585），法国诗人，七星诗社的核心人物。

"古人"操心呢？都是闲聊、推论。还是自己着笔写吧，不去讲理论，不去考虑如何"着色"，该画多长多宽，更不必计较作品能存世多久。

此刻风刮得呼呼响，树呀河呀都在怒吼。今晚我正在写一幕夏景，阳光照着草地，小虫飞舞，等等。身处相反的境况，对要写的境况却看得越清。这阵大风，刮得我整夜像着了魔，愕然惊奇，恍然入梦。神经敏感之极，以至于家母十点钟进书房来道晚安，吓得我大叫一声，老人家也为之悚然。我的心怦怦直跳，过了一刻钟才平静下来……

《农妇》得好好写，再花上一周，不要赶。写完，全部重看一遍，要精雕细刻。要会自我评判，亲爱的蛮女。再见，夜已深。

致鲁伊丝·高莱

1853 年 8 月 26 日
星期五晚 11 点于特鲁维尔

也许这是我在特鲁维尔发的最后一封信。下周当在勒阿弗尔港，星期六晚到柯瓦塞。

下周会写信给你。下星期六晚，如布耶不来，我就给你写信。望能于星期六或星期日晨，我一回柯瓦塞就看到你的信。不失为高兴的回家。

一到家就有许多活要干，这次休假颇有收获，觉得神清气爽。有两年没出去呼吸新鲜空气，大有必要。又重新浸润在对河流草木的欣赏之中。身为作家，一直为艺术匍匐效力，与大自然的交流只存在于想象中。有时，需要面对太阳或月亮。树木的汁液和元气，就在你的凝视中渗入你的肌体。就像羊群在草原上吃了麝香草，肉质格外鲜美，如果我们在草地上打滚，大自然的芬芳也会浸透我们的精神。总共也就一周吧，我开始获得宁静，能诚朴地感受眼前的景象。起头，我不胜惊奇，继而有点忧伤、烦恼。刚刚适应，又要走了。我每天走很多路，虽累却很快活。我是淋不得雨的，刚才淋得浑身湿透，当时却一点也没觉得。要我离开此地，会感到难舍。以前也有过这情形，旧事重演。是的，我开始超脱自己，超脱自己的记忆。傍晚，走过沙丘，灯芯草掠过鞋帮，比做梦还让我开心。也远离了《包法利》，好像我连书中的一行字也没写过。

这里只简略叙述一下。无所事事的四周即将结束：告别啦，就是说，向私人、私事、相对闲适，告别。原先计划以后写回忆录，旧打算也抛弃了。现在已没有什么个人的东西能吸引我。青年时代的种种向往，也觉得精彩不再。但愿一切都消亡，什么也不恢复过来！一个人未必比一只跳蚤强。快乐也罢，痛苦也罢，都应吸纳进我们的作品里。云端里找不出太阳晒干的露水。散发吧，地上的雨水，昔日的眼泪，都成太阳照射下的水汽。

我目前强烈感到需加变易。很想将所见所闻都写下来——并非按照原样，而是加以升华。将壮丽的现实予以确切的叙述，力有不逮。我能做的，或许是细雕细琢。

我曾经感受最深的事物再度出现在我面前时，场景人物都变了。于是，我把房屋、服装、天气都换过！啊！我急盼摆脱《包法利》《阿努比》及三篇序（三篇序，实际是做文艺评论）！想赶快结束这一切，可以投身于一个广泛而适切的题目。渴望能写史诗。拟从古到今、从上到下，写下伟大的史事。我的"东方故事"又时不时回到我脑海里来；东方情调，隐隐约约，使我心花怒放。

像我现在这样，沉湎于优美的作品，而不著一笔，的确是桩美事。这种舒舒服服的宏图大业，到头来要付出一事无成的代价！多可怕的陷阱！还是本分一些，可是什么也改变不了我。《包法利》对我本应是一次极好的训练，但负面的影响会使我对平常题材产生反感。正是这个缘故，这本小说写得很吃力。我得费很大劲，想象我的人物，让他们开口说话，因为我心中很讨厌他们。当写到心中想写的东西，下笔就很快。但又冒出别的问题。你写自己的观感所得，句子一气呵成，或许很精彩，但缺乏总体照观，字句重复，陈词滥调，平淡平庸。而写想象中的事物，一切都要靠构思，连小小一个逗号也关乎全书计划，注意力便分散了。既要不失广阔的前景，又要眼看脚下。写细节最不易，尤其像我这样的注意细节。项链是珍珠组成的，但是要有丝线才能串成项链。把珍珠穿起来而不掉一粒，另一手把线穿过去，要有点乖巧。伏尔泰的书信令人折服，但这伟人所能也只此，就是阐述他个人的观点。他在戏剧、诗歌方面，成绩可怜。小说，实际只写了一部，是他全部作品的概括；《天真汉》中最好的一章，是拜访波谷居朗泰大人一节。伏尔泰几乎就所有问题发表了他的看法。那四页真是散文中的精品，是他六十卷著作半世纪努力的浓缩。不过，我倒很愿挑战伏尔泰，描写他所蔑视的拉斐尔的一幅画作。我认为，艺术的最高境界，即其最难之处，不在于让人哭笑，让人动情或发怒，而是要得自然之道，使人遐想。一切杰作，莫不具有这种性质。外表很沉静，实际深不可测。讲到艺术手法，巍峨如峭壁，汹涌如大海，繁茂如绿荫，喁喁细语如林木，荒凉如沙漠，湛蓝如长空。荷马、拉伯雷、米开朗琪罗、莎士比亚、歌德，我觉得都是莫测高深的。他们是无底止，无际涯，多重的。我们只能从隙缝中窥深谷；谷底黑乎乎，多看发晕。而整体上面，又飘浮着柔和的轻雾！这是智性的光辉，阳光的微笑，这是大地的静谧！这就是静谧！

费加罗比之桑丘·潘沙，是多少可怜的角色。我们想象他骑着驴子，嚼着洋葱，一边跟主子讲话，一边追踪警官。西班牙的道路仿佛能亲眼见到一样，别的作品没详细描述过。而费加罗呢？就囿于法兰西喜剧院。社会文学是也。

我认为，应当厌恶所谓的社会文学。此时此刻，我所喜爱者，乃散发着汗味儿的作品，透过罩衣能见肌肉，赤脚走路比穿靴难走，上尉的脚与那不勒斯渔夫的脚，其差别形成两种文学。一种文学，血管里没有血。那是阅历、辛劳、衰颓的结果。隐蔽在某种涂蜡好看、习俗接受的形式下。单调，窘迫，扫兴。既不能帮你爬高，也不能带你涉深，更不能帮你渡过难关。而另一种文学！那另一种，是老天爷的好文学。那是强健的，由于行走在岩礁上。那是优美的，由于行走在广漠上。依其形式而存活，处于适宜环境而成长。那是植根于大地的，伸展开指掌，撒腿奔跑，多么的美！

太可惜了，我不是法兰西学院的教授！我能开一门课，专做靴子与文学这个大题目。"是的，靴子也一世界。"我就这样开场。厚底靴与草编鞋，可以做巧妙的比较！草编鞋，多美的词！能给人很深印象，不是吗？

中世纪押单韵的"硬派诗"，与当年武士穿的铁鞋，是否有明显的关联？路易十三的靴子，敞口，围以饰带流苏，像一只花瓶，使我想起朗薄耶公馆。到路易十四时代，文学的"长袜"拉得很紧，看得出腿肚。方鞋头的，就是拉布吕耶尔与布瓦洛；鞋帮结实的马靴，是波舒哀与莫里哀。后来的"尖头鞋"，则是摄政时期勒萨日的《吉尔·布拉斯》。往后的文学，矫情、轻浮而不自然，鞋跟太高，站不稳了。学院作风取代了诗情画意。现如今，堕入臭皮匠的无政府主义。络绎不断，穿过各种各样的鞋。

　　圣伯夫捡起最没价值的破烂，缝缝补补，不顾众人的喜好，做他的小买卖。红鞋跟，蓬皮杜式，荷赛依派。所有这些垃圾都该抛入水中。重新穿上高靴，或者就打赤脚，我这皮鞋匠的荒腔走板也就此打住。何来这番言论？只怪傍晚喝了那杯朗姆酒，口吐狂言。晚安。

致儒勒·杜勃朗

约 1857 年 5 月 20 日

于柯瓦塞

　　不，老朋友，尽管你提出忠告，我不会放下《迦太基》去写《圣安东尼》。因为我的思想已不在那范围，得重新投入，对我来说，此非易事。我知道，从评论角度（仅仅从评论说），这更取巧。但我一写就想到这些古怪的家伙，做不出别的更有价值的东西来。以后我会回到圣安东尼躯壳里，他比肖莱（Chollet）更值得刻画，更有深度。既然正写《迦太基》，就要尽力深入进去，呼吸与共。

　　《圣安东尼》这本书，当然不应错过，不过，现尚缺二项：一、大纲；二、圣安东尼的个性。一定会写好，但需时日。至于别人如何评论，我才不管。人家怎么说，我不在乎。正因为不在乎，《包法利》才有一定的深度。

让我与巴里埃尔、小仲马之流为伍，随他们去说吧。好心的德尚先生还挑出我不少的所谓语法错误，这些都伤害不到我。

布耶太顾忌公众看法，想迎合所有人，又要保持自己本色，结果什么也没做成。于是犹豫，动摇，折磨自己。他从藏身处给我写来绝望的信。这都怪他不可救药的性情。

永远别去考虑公众，至少对我而言是如此。我觉得，如现在来写《圣安东尼》，我会按当下情况加以剪裁，这实是一种下策。

你想把《天真汉》改编成几场的幻梦剧，那就力争在来此之前完成吧！

我同情你手头紧，尤其因为我眼下也揭不开锅。元旦以来，已花掉一万法郎。对我这样一个年金微薄的人，支出甚巨。此外还背了三千法郎债。因而我尽量留在乡下以节省开支！可这也是为了工作！只要下笔顺畅，跟钱有关的事我都不放在心上。

再见吧，老朋友，拥抱你！

致伊万·屠格涅夫

1863 年 3 月 16 日
于鲁昂郊区柯瓦塞

亲爱的屠格涅夫先生：

非常感谢购寄的礼物！刚读完您的两本书。我不禁要告诉您：我高兴极啦。

很久以来，您就是我心目中的大师。我越研究您，就越惊羡您的天才。我欣赏您的热忱和含蓄，以及那极为深沉的同情心。人们看到：梦想是可能的。

我读《堂吉诃德》时，就想骑上大马，到大道上闯荡，在山间阴凉处吃青果和生洋葱；而您的《猎人笔记》使我想到俄罗斯的雪原上驰骋，一边听野狼的嗥叫！您的作品发出原始的芬芳，有一种可爱的哀伤，渗透到我心灵深处。

您有多少艺术啊！柔情、幽默、观察力和色彩相交融！效果多么好！您下笔多有把握啊。

　　您掌握了特殊性，却又保持了一般性。我感受到您身上有那么多好东西！尤其表现在《三次相遇》《雅克·潘辛科夫》《多余人日记》中。

　　但人们称赞得不够的恰恰是您的心灵——持久的激情和深刻的敏锐。

　　四天前，我荣幸地与您结识、握手。

　　再次握您的手。请您这位亲爱的同行，相信我完全忠诚于您！

致卡米叶·勒莫尼埃

1878 年 6 月 3 日
星期一晚于鲁昂附近柯瓦塞

先生，极为可亲的同行：

我刚刚非常有兴趣地拜读您关于画家库尔贝的大作——说在了点子上。换句话说，我完全同意您的看法。

下面这句深刻的话语使我深思："他没有对形式的那种该死的恐惧。"没有比这更正确的了。正因为如此，这个能干的人才没有成为所谓最伟大的人物之一。

他身上令我不高兴的是有点儿江湖骗子的味道。而且，我不喜欢任何形式的空谈家。打倒迂夫子！

自称是现实主义、自然主义、印象主义的人们，请你们远远离开我！你们这帮胡闹的家伙。

请少说废话，多拿出些作品来！

亲爱的先生，我对您过分的赞扬敬谢不敏，但我接受您的问候，并诚挚地紧握您的手！

辑三　艺术至上

致鲁伊丝·高莱

1852 年 1 月 31 日
星期六晚于柯瓦塞

我已给哈丽特小姐去信，手稿之事烦她督促，如不合算（全部或部分脱手），则请退寄柯瓦塞。函已发出。

这周过得不好。工作无进展。到了这样一个阶段：自己也拿不准怎么写好。要竭尽微妙，竭尽细致，我却不善此道。自己脑子里还很模糊，怎能表达得很清晰。起草，划掉，趔趄，摸索。现在或许有点头绪。风格是多么淘气的小姑娘！我想你对这本书[1]还没有概念。我写别的书很随意，写这本书却正襟危坐，遵循一条几何直线。没有抒情，没有思想，抽去作者的特性。读起来一定很枯燥，书中有些情节很惨烈，很卑劣。布耶上星期天三点来访，我刚给

---

1 指《包法利夫人》。

你写完信，他认为我路子对头，希望作品成功。愿上天保佑！但篇幅浩瀚，耗时甚久。看来到明年初冬也完不了稿。一周写不了五六页。

《新闻报》上所载的诗[1]，似比初读时好，主要缺点是第一部分与第二部分之间缺乏衔接。第一部分"东方"和第二部分"希帕蒂"，内容丰富，足可以分别写成两首诗。现在看不清第一部分如何引出第二部分。至于题赠，你对马克[2]似有点轻率：既然手稿中题赠给他，印出来改了，就有点怪。

说到钱，一切听便，亲爱的女人！我跟你提过的数目，永远归你支配。你可以认为那已存放在柯瓦塞抽屉里。只要通知，即可寄上。

这本《圣安东尼》你很感兴趣？要知道，你的夸奖把我宠坏了。这是一部失败之作。你说是珠玑。但珠子再多，也不成项链：关键在串珠子的那根丝线。我写《圣安东尼》，我就是圣安东尼，我把他忘了。这是有待塑造的一个人物，困难不是一点点。此书倘能修改，我会很高兴，因为已花很多时间，很多心血。但不够成熟。资料方面，花了不少功夫，架构已成，可以提笔就写。一切取决于写作提纲。

1　指鲁伊丝·高莱发表于 1852 年 1 月 27 日《新闻报》上的诗。
2　指马克西姆·杜刚。

而《圣安东尼》却无提纲。思想的演绎固然严密，但其与事实的联结并非并行不悖。做了许多戏剧性的铺垫，到头来却独缺戏剧性。

你说我前程远大。啊，我不知有多少次摔到地下，手指出血，腰肢扭伤，脑袋嗡嗡叫，就因为想直攀云石的高峰！我伸稚嫩的翅膀，气流没托住我，叽里咕噜，跌到了灰心丧气的烂泥里。奇思异想一来，不可遏制，又重新拿起笔来。我将径行直往，直到绞尽最后一滴脑汁。谁能说得好？得之偶然，或能入佳境。从职业的狭义方面说，凭坚忍不拔的意志亦可取得可观的成绩。我觉得有些事只我一人感到，他人不能说而我却能道出。现代人可悲的一面，如你指出的，那是因为我们年轻。青年时代，有一部分是同可怜的阿尔弗雷德一起度过的。我们生活在理想的温室里，诗歌烘热我们烦恼的人生。此人真是个好家伙！我从来没有过这么愉快的旅行。我们走到很远很远的地方，却没离开我们的壁炉。我们上得很高，虽然我的房顶很矮。有些下午，我们连续聊 6 个小时，一起沿岸散步，谈两人的烦恼，各种各样的烦恼！这些回忆都留在脑子里，多么珍贵，事后像火一样燃烧。

你说，你开始理解我的生活。须得知道源头才好。到某一天，我将能够随心所欲地写作。但到那时，已无足够精力。我只有围绕自己周围那点空间。我把自己看作已有40岁，50岁，60岁。我的生活像一台上紧发条的机器，按规律运行。今天所做的明天还会做，而这也正是昨天所做的。我还是十年前的我。我发现，我的肌体是个系统，一切都不带主观成分，顺乎自然，就像白熊生活在冰上，骆驼行走在漠地。我是握笔为生的人。通过笔、由于笔、涉及笔而感受，因笔而感受更多。到下一个冬天，你会看到我有明显变化。经三冬，穿破几双鞋。然后隐居起来，殚精竭虑，不是默默无闻，便是名满天下，不是积稿如山，便是大量印行。所虑者，不知自己能耐。此人看似极沉静，却对自己充满疑虑。不知还能上进多少，不知自己肌肉有多大力道。如此提问太野心勃勃了，因为确知自己力量的，只有天才。再见啦，吻你千百遍。保留好我的手稿。《布列塔尼》[1]稿下次带上。

念念。

1　指《布列塔尼之旅》，此书系两人合写：单数章福楼拜写，双数章由杜刚执笔。

致马克西姆·杜刚

1852 年 6 月 26 日
于柯瓦塞

亲爱的马克西姆：

扬名，不是我的主业，那只是为满足最平庸的虚荣心。再说，成名难道有什么依据吗？名扬四海，你也不见得就心满意足。人几乎都在自己名之不立中死去，除了白痴。就你自己而言，出名并不比无闻高出许多，你还是你。

我只向最好的努力，使自己高兴。

我觉得成功是一种结果，而不是目标。我以此为前进方向，很久以来都这样，既没走错一步，也没停步去取悦妇人，更没躺倒不干。即使是鬼，也喜欢身材高大的鬼雄。

宁可美国毁了，也不可放弃原则。宁愿累得像乏力的狗，也不愿把一句不成熟的句子提前一秒钟写出来。

我意识里自有一种写作方法，以及企望达到的优雅语言。摘到了杏子，不会惜售；如果味道好，也不会拒绝人家称赞。在此期间，我不会欺骗读者。事情就是这样。

即使此时已晚，人人想出名，那也没办法。请相信我也希望能方便从事，工作少少，好处多多。但看不出有什么妙处。

经商常出现有利时机：采购某种食品碰到狂销，一时的喜好使橡胶或印花布价格上扬。此时生产产品的商家赶紧建厂，亦可以理解。谈到艺术，如果你的作品出众、真实，总不致成为空谷足音，迟早会获得一席之地，不管是半年之内、十年之后或者在你身后，什么时候都无妨！

讲到巴黎，你说这里有生命的命脉。你说的生命的命脉带有龋齿的气味，散发高蹈派的气息，让我恶心又有点头晕。巴黎摘取的桂枝，上面沾着粪土，你得同意这一点。

苔斯卡芭妮侯爵夫人说："出了巴黎，没有正派人的出路。"像你这样才智出众的人，竟会附和赞同，我有点不快。这判断乡气十足，至少是偏狭的。亲爱的先生，出路到处都有，不过巴黎吹得更凶些，这我倒是同意的。

不过，在巴黎更长胆子，但头发也会多掉一点。

在巴黎还能成长为真正的强人，不过得生来就是半神才行。还该鼓足劲儿，能肩负重担。若与此相反，能忍受孤独、专心一意、长年劳作，但还没有转机，那一定是缺少独创精神。

以我的生活无成为可叹，无异于责怪鞋匠只做靴子，铁匠只管打铁，画家躲在画室里一样。

我每天干活的时间从午后一点到午夜一点（除去六到八点），实在不知还有什么时间可供我利用。假如我住在乡下，时间用在玩骨牌或植园蔬上，这种责难我能理解。我变蠢了，原因就在于读莎士比亚和写小说。

我说过，等书写完，满意，再出版；其后，就去巴黎居住。这决心丝毫未变。现在能说的，就这些，没更多的了。

老兄，请相信我，让岁月流逝吧。文学争论发生不发生，我不在乎；我的地位给人占去，我更不在乎。不会去跟他们争的。

拥抱你。

致鲁伊丝·高莱

1852 年 7 月 5 至 6 日
星期一晚至星期二凌晨两点
于柯瓦塞

　　刚写完关于《梅莱尼斯》一文。你的那篇，再读一遍，不喜欢。我刚写完的这篇也高明不了多少。你觉得好，那是你的事。布耶今晚教完课后要来，一起读后，再改，寄你。

　　为草此文真费了牛劲。再过几天，照自己意思，再作一篇。关于此诗有许多话要说，而且从美学和考古学角度讲有点新意。今天只粗略谈谈，草成一篇捧场的文字而已。结尾更是瞎来，我为这篇垃圾文章感到羞愧。不去管他，希望早日能刊出。报社有人愿代署名，我将十分高兴。嘱你勿透风声，设法别让外界猜到出自我笔端。（请哈默林大娘重抄一遍。）如果衮衮诸公都不肯署名，就随便用个笔名，但要像真名。如觉文字太长，分析部分可删，但要加几句话，与后面对接上，然后再来一段长长的引述。不过，分析部分我认为并不沉闷。所选的几句诗，选得尚得当，大致能反映诗的全貌。亲爱的，此事请你妥办。我将很高兴能间接证明我们无求于《巴黎杂志》。该刊最近一期刊有马克西姆一文，直接赞扬布耶，间接也夸奖了我。

我没收到对我第二封信的回复。今天会收到回复吗？我怀疑。

星期二

你上一封长信，写月下散步的那封，我自个儿重读了一遍。不管怎样，我还是喜欢第一封，无论是形式还是内容。你是不是心里有些乱？你不要不以为意，对你情绪还是有影响的。若以为我在责怪你，可怜的鲁伊丝，那真是误解！行动可以自己做主，而感情就不见得。你同他第二次再散步，我觉得不妥。我愿相信，那是出于幼稚。但我若是他，就会怨恨你，以为你在卖弄风情——一般的看法是：一个女人跟男人月下散步，并不真是为了赏月。而缪先生[1]肯定

---

1 指缪塞。

持这种看法——此人虚荣透顶，流的是市侩的血。

我不同意你有关他对艺术品感受最深的看法。他感受最深的，是自己的情欲。缪塞是诗人，而非艺术家；而且，更多的是男人，而非诗人。可怜的男人。缪塞从来没把诗歌和诗所表达的情感分辨清楚。按他的说法，音乐就是写小夜曲，绘画就是绘人像，诗歌就是为抚慰心灵。如此这般，想把太阳塞进大裤衩子，就会烧着裤子，就会尿浇太阳。这就是他的遭遇。

"感觉，感应，这便是诗。"不对。诗的底蕴应该更明朗。如果只要有敏感的神经便能成诗人，那么敝人的价值更在莎翁、荷马之上。至于荷马，觉得他并非非常敏感。或许我错了，罪过罪过。这方面，我还有点发言权，有时一秒钟里会有成百上千的想法、形象和种种搭配，如同缤纷的焰火在我脑中一齐迸发。这是很好的谈资，足以打动人心。

诗歌并不是弱智的产物，而神经敏感却是诗；过于敏感则是缺点。容我略加说明。

假如我的头脑更结实，我不会病态地去争自己的权利，不会把自己弄得很苦闷。从而能受益，而不是受害。悲苦不只停留在脑海里，还会渗透到四肢，使肌肉绷紧。这是一种偏差。常有些儿童听音乐会难受。他们很有天分，一听曲调便能记住，弹起钢琴来昂奋不已。心速加快，日见消瘦，脸色苍白，终于病倒。他们可怜的神经像狗的神经一样，听到音符声音，痛苦得浑身扭曲。一点也不像未来的莫扎特。天赋错了位。思想渗入肌肤，毫无结果，而肌肉也败坏了。既没产生天才，也没得到健康。

艺术中的情况也一样。激情不能变成诗句。越有个性就越虚弱。我呀，就常常在这里失败，皆因做事太投入。比如，不是写圣安东尼，而是写了我自己。被诱惑的是我自己，而不是读者。你感受得越不深，反而越能如实表达。但要有感受的能力。这种能力，便是天分。要善于观察——仔细看看站在你面前的模特儿。

因此我讨厌口语诗，散文诗。——对于无法表达的事物，目光足矣。灵魂之气、抒情性、描写，我把这一切都变成风格。在别处，这是对艺术的亵渎，甚至是对感情的亵渎。

正是出于此种顾忌，我才不主动去追女人。若把涌到嘴边的诗句说出来，我怕女人心里会想"这个江湖骗子"。就因为怕当这种人，我才趑趄不前。这使我想起克洛盖夫人。她为了表白自己如何爱丈夫，丈夫得病的五六天中如何忧心忡忡，便让我看她两鬓的几缕白发，说："我有三夜未能入睡，看护了他三整夜啊！"这种忠诚，真是了不起。

那些叙说已逝的爱情，讲述父母的坟墓，对先人虔诚的忆念，见到儿童说软话，见月落泪，朝着大海做沉思状，都是戏子！戏子！三陪的小丑！

我有过烦躁的日子，动情的年代，像苦役犯一样，脖子上挂着标记。小时候手被开水烫过，我有资格写论火之特性的文章。你了解我，这阶段即将结束，进入成年期。以前，我相信生活中的诗歌富于现实性，相信激情有种外在的造型美。各种喧闹，我都一视同仁，即使被震聋了，也能分辨出不同。

我本可以更愉快的方式爱你，也可以停留在表面的爱，长时间以来你就愿意这样。我的赞美没有停留在人人可见、令人惊叹的东西上，而超出了范围，发现了宝藏。一个你能诱惑并控制的人，不会像我那样欣赏你可爱的心到角角落落。我觉得你不是细皮嫩肉的夏季果实，一遇风吹便从枝头坠落，在草地上溅出鲜红的果汁；而是像椰子一样，表皮粗糙，紧接枝干；像无花果一样带刺。会刺人手指，但饱含乳汁。

多么好的天气！鲁伊丝，阳光多么灿烂！我却关上所有窗子，在暗中给你写信。这两三个夜晚多美啊！多好的月光！觉得身体和精神都很好，希望《包法利》略有进展。天热得像烧酒一样。我在等布耶。吻你。今晚就暂写到这里。

你的居［斯塔夫］

随信将你的文章退回，引语断章取义。

致鲁伊丝·高莱

1852 年 11 月 22 日
星期一晚于柯瓦塞

急盼能读到《农妇》，不是催你，尽可从从容容地写。这会是一部好作品。所有理发师都会同意，头发越梳就越光亮。文风也如此，不惮其改，才有光彩。因你，我昨天重读了雨果的诗《梦幻的斜坡》。你的意见，不敢苟同。诗看上去很有气派，但实际上软弱了一点。也许诗句没能表达主题？并非什么都能表达出来的。如果思想不明确，艺术就有局限。尤其对于抽象的思想，文笔帮不了多少忙。头脑中尚不甚了了，凭文字来发力，就显得不堪重任。准备读英文版《汤姆叔叔的小屋》。我承认我对这本书抱有负面的偏见。光凭文学价值，不会获得如此大的成功。作者有一定才能，善写场景，用语通俗，结合当下的问题和当前的关注点，成效就大。你知道年销量最大的是什么书吗？是《福勃拉》[1]和《夫唱妇随》，两部文笔拙劣的产品！如果塔西佗[2]再世，他也卖不过梯也尔先生。读者尊仰《胸像》，但不很崇拜。一种习惯性的欣赏而已。市民（即现在所谓全人类，包括百姓）对古典作家的态度，如同对宗教一样：他们知道古典作家有点用处，但隔得很远，用也用不到多少，不觉得烦就好了。

已借来《巴马修道院》，准备仔细阅读。《红与黑》看过，觉得写得不好，人物性格和作者意图都不好懂。我知道，有品位的人会不同意我的看法。有品位者，乃一奇特的阶层：他们有他们的"小圣人"，为别人所不知。是好家伙圣伯夫弄出来的名堂。对社会上才智之士，对本该隐晦无闻的名士，顶礼膜拜。至于贝尔先生[3]，我完全不懂巴尔扎克读了《红与黑》之后，对这样一位作家怎么会如此热忱。说到阅读，星期天与布耶"狂"读拉伯雷和《堂吉诃德》。多么厚重的作品！越看越伟大，就像金字塔一样，看到最后不胜敬畏。《堂吉诃德》的神奇之处在于无艺术，在于幻想与现实结合，作成一本十分可笑、富有诗意的书！相比之下，其余全是侏儒！

1　《福勃拉》为描写 18 世纪轻狂淫逸风气的小说。

2　古罗马历史学家。

3　指司汤达，贝尔是他的本名。

不容你不感到渺小！天哪，多么渺小！

我活儿干得不坏，很用心。难在要表达自己所没有的感受，故得做长期准备，绞尽脑汁，以免"越界"，同时又要言谈得中。感情的连接不断线，最费脑筋，这本小说的一切都取决于此。下次见面时，我会已前进一大步，将全身浸入爱，进入主题，书的命运已决定，但我认为自己正处于危险的关隘。好在工作的间隙能见到你美丽而善良的面庞，不失为一种休憩。因此，我们爱的历程仿佛是种书签，先夹在书页当间，梦想着一步步达到彼岸。

为什么对此书忧虑重重，为以前写别的书所没有？因为不在我的道上？需借助于技艺、手法？这本书对我将是一场漫长而奋勉的操练。总有一天，我会找到属于自己的题材，写出肺腑之言，等着瞧吧。

咱们之间说说，敝友布耶好像被罗捷大嫂弄昏头了。热情是好的，但不该过分，会浪费不少时间。

自己以外的事，不要去管。第二帝国，任其走自己的路去，咱们关起大门，爬上象牙之塔最高一级；走上最高处，离天就最近。高处有时生寒，不去管他！可以近观星星闪烁，而听不见火鸡啼鸣。

再见啦，已是凌晨 2 点。我多么想一年后能去巴黎！

再次再见，千百温婉，在你颈项间系上吻的项圈。

致夏尔·波德莱尔

1857 年 7 月 13 日

于柯瓦塞

亲爱的朋友：

　　大作《恶之花》我从头到尾拜读了一遍，细心犹如厨娘做菜。一周来我一读再读，一句句，一字字，坦白说，我喜欢，我极为满意。

　　您使浪漫主义恢复了青春，您与众不同——这是最主要的优点。独特的文风来自构思，句子满蕴着思想。

　　我欣赏您锲而不舍的精神，语言精致，价值自高。

　　印象最深的是第 18 首《美》，我认为此诗价值最高。其余，如《理想》《女巨人》《腐尸》《猫》《美丽的船》《献给克里奥尔夫人》，还有《忧郁》——此诗令我悲伤，色彩精准！啊，您知道人生的烦恼！您可以毫无愧色地自傲于人。我要特别告诉您，我特别喜欢第 75 首，《月亮的哀愁》：

> 入睡之前，她用纤手，漫不经心
> 沿自己乳房的弧线抚摸轻轻

我极赞赏《西岱岛之行》，等等。

至于批评，实一句也无。我也不敢肯定一刻钟内能想出什么来。总归一句话：我怕言之失当，过后会追悔莫及。今冬去巴黎见面，我会以质疑而谦虚的方式，向阁下求教。

总之，大作我最喜欢之处，是艺术至上。还有，您以一种哀愁和超然态度颂扬肉体而并不沉迷于此，我深有同感。您坚韧如大理石，沁人肺腑如英伦的迷雾。

再次感谢赠书。紧握您的手。

致儒勒·德·龚古尔

1861 年 9 月 27 日
星期五于柯瓦塞

亲爱的儒勒：

　　谢谢寄来干鱼，想必是洪伯特上校捎来的——我从鱼和鱼瓶上认出来。商标上第三条腿踩在公牛身上，虽不知道是什么意思，但觉得很好玩。待什么时候写进书里去。

　　您对我无休无止的工作感兴趣，那就报告一下进展。一、现在这章正接近尾声；二、接着写十四章；三、十五章很短。总之，希望 1 月份能打发完。悄悄告诉您，我十分十分巴望立马到那一刻，我受不了啦！迦太基之围即将写完，要了我的命。战争机器好像在锯我的背脊！我流的是血，撒出来的是滚烫的油，拉出来的是射弹，打嗝打出来的是投石。这就是我的状况。

再说，此书使我有机会说了很多蠢话，现在已开始感到厌倦——除非波澜不惊，这很可能。哪里能找到对这一切感兴趣的读者？

随着进展，我可以更好地判断全貌：我觉得《迦太基》太长了，重复的话比比皆是。大纲已拟定，如做删节会造成很多晦暗不明。没关系！也许可以让人去梦想伟大的作品，那就蛮好嘛。

一夏天我都没动窝，也没见过客人——除与布耶一起度过 24 小时。

您怎样？大作《年轻女市民》写到哪里了？暑假愉快？似乎走动不少？

《费萝曼修女》销售不错？是从我认识的诸多家庭妇女的意见推断的，她们都很喜欢。这是她们用的词。

写书评的笨伯有何说辞？据悉，圣维克多有好评一篇，可惜我还没读到。

我不怕重复。要再一次向上帝和世人宣布：您写了一本出色的书。

再见，我经常想着您，爱惜之情远超我之所能言说！

致爱德玛·德·热奈特

1862 年 7 月
于柯瓦塞

……一长串的陈词滥调，像《悲惨世界》一样老旧，却不许人家说坏话。作者的立场坚定不移、无懈可击。我一辈子崇拜这位作家，现在却大生其气！我得爆发出来。

此书既不真实，也不伟大。至于文风，好像存心要写得失当与低下，以迎合大众。雨果对大众十分顾忌，十分殷勤。哪里有像芳汀这样的妓女，像冉阿让这样的苦役犯，像某某某这样愚蠢的政客？他们灵魂深处的痛苦他没看到，一次也没。这是些木偶，糖人，从卞福汝主教开始。出于"社会主义"的狂热，雨果厚诬教会，正如他中伤苦难。要求普通人为他祝福的主教，而今安在？哪有这种工厂，单身女子生了孩子就把她开除？这本小说是为了宣扬基督教社会主义的坏蛋的，是为了宣扬福音哲学的寄生虫的。马吕斯三天就靠一块牛排活命，恩若拉一生只亲吻过两次（可怜的小伙子！），哪里有这种可爱的性格！至于他们说话，都说得很快，但都一个样！说了很多与题目无关的话，而切题的要紧话却一句也无。比如立誓说，普选是一桩好事，要教育民众，这类话已重复得叫人烦了。这部小说肯定有好的片段，但甚稀少，全书很幼稚。观察，在文学上是次要的品格，作为巴尔扎克与狄更斯的同时代人，这样虚假的描绘社会，不被看好。后世不会原谅雨果想要成为一个思想家。他有什么哲学！无非普吕多姆、老好人理查、贝朗瑞那一套！雨果虽然对拉辛与拉封丹评价不高，但他不比拉辛与拉封丹更是思想家。就是说，雨果跟拉辛与拉封丹一样，随时代潮流，只是他那时代平凡思想的综述——而且十分固执己见，以致忘了自己的创作、自己的艺术。这就是我的看法。当然，我只为自己保留这种看法。我内心觉得"神明"渐老，对文学之美全不萦怀、全不着意。

恭候您的回复与愤言！

致圣伯夫

1862 年 12 月 23 至 24 日
于巴黎

亲爱的大师：

关于《萨朗波》，您的第三篇文章，我读后心情平复，其实我从未大怒过。我的好友对前面两文有些生气。至于我本人，您对拙作的看法坦诚，批评也极宽厚，对此我深表感谢。不说客气话，我开始为自己辩解。

首先，您的总的评价，是否过于顺从您神经过敏的印象？拙作的立意是写野蛮，异教崇拜的近东世界，这立意本身您就不喜欢！您一开头就对我作品的真实性表示怀疑，然后设问："总之，那可能是真实的吗？"每分钟都表示惊讶：要不要美化一点，缓和一点，法国化一点？您责怪我写了一首诗，属于贬义的古典派，而且拿夏多布里昂的《受难者》来抨击我。

然而，夏多布里昂的方式与我恰恰相反。他的出发点是完全理想式的，他梦想具有典型意义的受难者。我定位在幻想，运用现代小说的写法去写古代，文字力求简明。是的，您要取笑听便，我说的是简明，而非简练。没有比野蛮人更复杂的了。这就接近您的文章了，我寸土不让，要为自己辩解。

您文章开头谈到《游历志》时，就引起我注意了。孟德斯鸠很欣赏此书，我并不。怎能叫人相信这是原始文献？显然是经过希腊人翻译、压缩、处理过的，没有一个近东人会有这种文字风格。有些人自诩为上帝之子、天主之睛，并不像您认为的那么单纯。您会同意我的说法：希腊人对野蛮人社会是一无了解的。如略知一二，那就不是希腊人了。近东也不愿接受希腊文化。凡外来的东西，他们无不加以改造！……故哈侬的《游历志》绝非"迦太基的里程碑"，也远非您说的"唯一的里程碑"。真正的迦太基里程碑，是陈列在马赛的石刻，刻凿极淳朴。道明真相，您得感谢我。不过，我要说一句私心话，我十分厌恶哈侬的《游历志》。

至于女主人公，我不想辩护。依君之见，她像"感伤的艾尔维（Elvire）"，像弗蕾达，也像包法利。非也。

弗蕾达是主动的、聪明的、欧式的。包法利夫人则涌动着多种情感。萨朗波恰恰相反，她是固执一见的。是个怪物，类似圣女特蕾莎！对她是否真实存在，我也没有把握。无论我还是您，或别的任何人，无论古人、今人，都不可能了解近东女子，因为根本不可能接触到那时候的她！

别怪我缺乏逻辑。您会问："为什么迦太基人要杀野蛮人？"原因很简单，他们恨透了雇佣兵。雇佣兵比他们强，所以一落入他们之手，就开杀戒。

您说："瞬息之间，消息就能传到另一阵营？"用什么方法？谁传过去的？但我只需证明：迦太基与军队之间并无联系！

至于哈侬，他得以逃脱是因为雇佣兵放他走。那时还没肆意整他，他们思索之后才开始恨他。他们需要相当时日才了解古人的不义。（参阅拙作第四章开头）

马托像个疯子，在迦太基人周围游荡。古人把爱情理解为神明送来的疯狂、诅咒和病症。

您说波利伯看到马托可能十分惊恐。我不这样认为。伏尔泰也不会同意您的看法。您应该记得，《天真汉》里谈到，在非洲，暴烈的激情被称为"烈焰，硫酸"。

关于旱桥，"书里写的完全不可信"。不错，亲爱的大师，您有您的道理，但事实并不像您想象的。其实，旱桥一节我写得很费劲，但为使两位主人公像模像样地进入迦太基，我认了。旱桥根据的是波利翁回忆录里提到的一个细节。

"过于重视辞藻。"这一指责，我要武断地说不公道。假如用技术词汇，还不把读者看得昏昏欲睡！我不这么做。我特意把专门词（除度量衡、货币、月份）都译成法文，并加解释。您在书中碰到英尺、便士、比萨塔一类字眼时，对阅读有什么妨碍吗？至于香水、钻石之类，我不得不借用其他著作里常用的名称。植物名称，我用了拉丁字，而没用阿拉伯字或腓尼基字。

至于塔尼特寺，我可以说是按原样描述的。细节都是迦太基式的，我亲自勘察过杜加寺的废墟，据我所知，那是任何古董商、任何旅游者都没讲到过的。您会说"看来古怪"，那没有办法。

至于描写，从文学角度看，我觉得很可理解，惨剧的发生并未受阻，斯邦迪斯和马托仍处于突出地位。书中的描写没有一处是孤悬的、无的放矢的，一切描写都服务于人物，对情节有或远或近的影响。

大作称描述萨朗波闺房时用字古怪，这一批评我不能接受。因为没有一个细节不是出于《圣经》，而且在今日远东尚能遇见。您反复说，《圣经》并非了解迦太基的指导（此点有待商榷）。但希伯来人比较接近迦太基人，而跟中国人隔得更远，这点您得同意！而气候因素几乎是千古不变的。

至于喜欢"观剧"，讲究"排场"，说话"夸张"，为什么古代就不可以？看看现在发展到了什么程度。还有拜客的礼仪，顶礼膜拜，点香上敬，等等，想必不是穆罕默德第一个想出来的吧？！

关于汉尼拔也一样。您以为我着意把他的童年写得很神奇，因为他射杀一只鹰？在一个处处有鹰的国家，这有什么稀罕！故事假定发生在高卢，所猎就成狼、狐狸或猫头鹰了！您身为法国人，情不由己地认为鹰是一种高尚的鸟类，视为一种象征，而不是一种动物。鹰这种飞禽，四处都有！

您问迦太基议会这想法取自何处，须知法国大革命时期，类似机构层层都有、比比皆是。我笔下的迦太基人，比美洲人更懂礼貌。您为了反对我，举出一个大权威——亚里士多德（前384—前322）。亚里士多德的生年，比我写的时期要早八十多年，他在此处毫无意义。亚里士多德断言，"迦太基时期没有暴乱，也没有暴君"，真是大错特错。日期有什么依据？在此：

卡塔隆密谋，公元前 530 年

马侬人的扩张，公元前 460 年

哈侬密谋，公元前 337 年

波米卡尔密谋，公元前 307 年……

您挑刺儿，指军队有"十一万零三百九十六个兵勇"，问我"怎么知道的？谁告诉您这个数目"，这不是随便举的数字，而是根据几个部队加起来的总数，以产生精确的效果。

我的蛇，既无故意作恶的弊端，也不是无关宏旨的细节。这一章用笔谨慎，无论写人写蛇都力避猥亵下流。萨朗波离家之前坚信家族的神祇，而蛇是最古老的象征，道理在此。您说蛇"出现在一部《伊利亚特》中也不合适"。是矣！但我无意于写《伊利亚特》。

说我发明了酷刑[1]，愧不敢当！亨德利希辑集多篇资料（见其《迦太基共和城邦》，1664），迦太基人惯于残害敌兵尸身。您说您曾惊讶于战败绝望的野蛮人并未以牙还牙，连一次也没有；那请您回想一下朗巴尔夫人，1848 年的国民别动队，以及近期在美国发生的事。相反，我的笔调是含蓄而温和的。

---

[1] 指书中野蛮人葬礼一节。

既然咱们互说真话，亲爱的大师，我要坦承，您"性虐待狂"一说，有点伤害我。您的话说得很重，一经印出来，几乎就是一种鞭笞。您忘了，我曾上被告席，罪名是有伤风化！那些蠢货和坏蛋拣到什么就当武器来使！有一天《费加罗报》载文："福楼拜是萨德的门徒。只不过，他写得更细腻，语带嘲讽……"想必您看到，不会感到惊异。我能怎么回答，能怎么办？

　　后面几段批评，我表示心悦诚服。您说得对，我编造故事。您说，还加了一段围城，这也不错。在军事题材中，这又有何妨？何况我并没完全编造，不过略加发挥罢了。这就是我的全部过错。

　　不过，关于拿儿童做祭品的"孟德斯鸠段落"，我很生气。我从未怀疑过这种暴行。别忘了，公元前370年希腊的栾克特战役，还残留着以活人做祭祀的现象。前309年的阿迦托克莱战役，还烧死200名儿童……

　　您表示遗憾：我写希腊人，未引入一位哲人，一个讲道理的人，以便给大家上一堂道德课，总之，没有一位"跟我们感觉一样"的君子。得啦，这可能吗？

　　我的辩解就此打住。下面谈您的评断。您对古代历史小说的思考也许是对的，而我很可能写得失败。然而，凭我的观感和阅读印象，我相信我所写的与迦太基颇为相似。但问题不在这里，我才不受考古资料束缚。如果色彩不单一，细节有点异常，风俗不来自宗教，性格前后不统一，服饰不符合惯例，建筑不宜乎气候，总之，一句话，不和谐，那我就错了。反之，则一切都站住了。

但环境描写，您不能接受。我知道，或更确切地说，我感到您坚执您个人的观点，即您作为文化人、现代人、巴黎人的观点，为什么不能过来站到我这方面？勒瓦罗阿先生说，"人类灵魂并非处处一样"。只需对世界稍有观察，即可证明情况恰好相反。我甚至认为，我在《萨朗波》中比在《包法利夫人》中，对人类更宽容。我觉得，我对宗教的爱护，对已消失民族的好奇，本身就具教诲意义，有感人之处，不是吗？

至于文风，书中很注意句子的圆融、音韵的和美，比喻较少，形容词都是正面的。如"宝石"前置"纯蓝"，这样形容比较恰当。在星光照耀下，宝石蓝看得很分明。这可问问到过近东的旅客，或者您亲自去看更好。

哦，大师，最后一个问题：为什么您认为夏哈巴里姆滑稽，而您笔下"王港修道院"衮衮诸公都是那么严肃！于我，辛格林先生站在我那些大象旁就显得阴郁。那些文身的野蛮人，在我看来，比到死都被尊称为先生的那些人，更有人性，更少离奇古怪。正因为他们离我很远，我就更赞赏您的禀赋，使我更了解更懂得野蛮人。请相信，我宁愿生活在迦太基，也不愿到您的"王港修道院"。您为何不愿两种不同的真实，两个相反的极端，两类可怕的丑恶并存？

我的信就要结束，请稍耐心些。您想知道拙作中的大错吗？请看：

一、对雕像而言，底座太大。人不嫌过分，唯恐不足。关于萨朗波，还可多写 100 页。

二、缺少几段过渡。本有，怕读者烦，删节或缩减过多。

三、第四章有关吉斯贡部分，与第二章第二节写哈侬的色调相同。情况既然一样，故效果并没增进。

四、从玛加战役到蛇，从第十二章到清点野蛮人，渐行渐弱，不能留存于人的记忆。这是一些过渡性的次要情节，可惜未能割爱，显得冗长。

五、旱桥。私认为，迦太基并没什么旱桥，虽然现有其残迹。旱桥是罗马时代的新发明，现在的残迹是仿古重建的。不管怎么说，我的"旱桥"乃一败笔，认输。

六、另一个，也是最后一个弱点——哈侬。为了交代清楚，他的死被胡编了一通。他的确被雇佣军钉死在十字架上，不过地点在撒丁岛。在突尼斯被钉死的大将叫汉尼拔。其间纠葛，会给读者造成太多混乱！

亲爱的大师，拙作中最失败之处大抵如此，写得好的地方就不说了。我笔下的迦太基绝非无中生有。有关迦太基的资料多的是，不完全见诸莫弗斯作品，但须到稍远处寻找。如麦色林为我提供了一扇门的确切外形，科里普斯的诗又告诉我关于非洲民族的许多细节，等等。

像我这样查考文献的少有后继者。危险何在？勒孔特和波德莱尔，比纳陀和克莱维尔更可怕。因为在法国这样气候温和的国度，浅薄反倒是长处。平庸肤浅总是受赞扬、被追捧。一个人追随伟大，不会危害任何人，是吗？那我能得到宽宥吗？

结束此信时，再次感谢大师。您把我臂膀抓伤时，也是变相握我的手。虽对我嗤之以鼻，也算跟我打了三次招呼。三篇大作，具体而微，对您自己比对我更繁重艰巨，所以特别表示感谢。您的忠告不会白费。请相信，您论及的那位，既非笨伯，也非忘恩负义之徒。

致龚古尔兄弟

1863 年 5 月 6 日
星期三于柯瓦塞

亲爱的朋友：

你们二位是世上最友善的人。惠赠之书令我感动，却未出乎我的预料。

我的情况如何？很不舒服，但我努力工作，将这种心情压回去。工作进展不顺利时（例如现在），不适之感便重现并吞噬了我！下文详述一下。

我对健康不太满意。总之，我很不顺当。

我写了两本书[1]的大纲。对二者我都不满意。

第一本是一系列的分析，庸人之见，不伟大也不优美。我不把真实看成艺术的首要条件。我不能容忍写这么平

1　指《情感教育》与《布法尔与白居榭》。

庸的书，尽管时下颇受欢迎。

第二本呢，我喜欢它的整体，又担心民众向我扔石头，或政府将我流放。且不说执行计划何其困难。

此外，春天刺激我产生一种强烈的愿望：去中国或印度一游。我厌恶诺曼底的绿色。

还有，我的胃痛经常发作。

你们呢，有所进展吗？自己满意吗？周六聚餐会还进行？

克洛丹友好地给我寄来《法朗波》[1]。我感激这种细致的关切。

关于任命加尔内一事，你们是否足够责备了圣伯夫，并谴责了法兰西学院？

我眼下正在读梯也尔著的《执政府时期史》，边读边生气。这位作者平庸透顶，小市民气十足！这算什么文风，什么哲学？

期望月底能见到二位。

亲吻你们，握手！

1　模仿《萨朗波》，1863年5月1日上演。

致龚古尔兄弟

1865 年 1 月 16 日

星期一于柯瓦塞

亲爱的朋友们：

承寄《热尔米尼·拉塞朵》，我昨晚才收到。

我从上午十点半开始阅读，下午三点钟读完。读完之后就没合过眼，只觉得胃部不胜疼痛。你们会使许多人得胃炎呢，多么可怕的一本书！

如果不是因为不舒服，我本会写一封长长的信，谈谈对《热尔米尼》的看法。

这本书令我激动（尤其是第 52—53 页）。书写得强劲有力、直截了当、富于戏剧性、十分动人而又极吸引人。

这本书我最欣赏的地方，是逐渐加深的效果和逐步发展的心理。

从头到尾是惨烈的，有的地方是崇高的。——最后一节（在公墓）将前面所写提到一个新高度。仿佛在这部作品的最后画上了一个金铸的句点。

现实主义这个大问题从未像这样被明确地提了出来。就你们的书，很可以展开一场关于"艺术目的"的大讨论。

待半个月后再谈此书吧。原谅我草草写成此信，因为今天下午我偏头疼发作疼得要命，弄得我简直无法继续伏案。

然而，我还要比任何时候都更热烈地拥抱二位。

致希波里特·泰纳

1866 年 12 月 1 日

于柯瓦塞

亲爱的朋友：

我头脑发胀时，感受到的是：

一、无可言状的不安，一种模糊的不适感，一种痛苦的期待，如同诗的灵感出现之前一样——自己感觉到"有什么东西即将出现"……

二、接着像雷电一样，记忆萌起，复又消失。感到形象如血一般涌出。觉得头脑里的一切同时迸发，就像千支焰火同时燃放。这些疾驰而过的形象，都无暇细看。在别的环境中，是一个形象在放大、展开，覆盖客观现实；又如一个火星迸发，形成燎原之势。在后一种情况下，可以同时想别的事。一切搅在一起，正是一般所说"一群黑蝴蝶在翻飞"。

我以为：意志可在很大程度上克服幻觉。我竭力为之，但未做到。有时做得也还好。

我少时常看见枯骨，在剧场我常产生此类幻觉……

我知道尼古莱的故事。我感觉到这一点：看出虚假的东西。要知道，这是一种幻觉，相信它，但要尽可能地认出它，把它当真的。

在睡眠中，人会感到类似的现象：一边做梦，一边想着梦。

……为有很好的容颜，须有很好的记忆……您不妨问问音乐家，他们是否完全听见要写的音乐？我们这些作家，是清楚看见要写的人物的！

在艺术幻觉中，画面不是有限的，无论它有多清晰。比如，我清楚地看到一件家具、一个人物、一角景物。但它突然摇动起来，高挂起来，不知道流往何处！

这"东西"单独存在，与其他东西并无关系。而在现实中，我看见一张椅子或一株树，同时也见到其他家具和花园中其他的树木。至少，我模糊地看到它们的存在。艺术幻觉不能覆盖很大空间，不能在广阔的环境中活动，于是，唯一完全模仿别人的办法（再现其声音和姿势），只有在高度集中下才能采取。

……

要看各种人物，牢牢记住他们。的确，还须有器乐专家的才能：要运用面部和喉头的肌肉！

您问：在周围现实中，这是相互衔接的吗？不。周围现实消失啦。我不知自己周围有什么。我仅仅属于那种"显现"罢了。

恰恰相反，在纯粹和简单的幻觉中，您可一眼看出虚假的形象；又用另一只眼看实在的东西。

再见啦，祝您笔下顺畅。

致儒勒·米什莱

1868 年 2 月 19 日
星期三于巴黎

亲爱的大师：

不，我没收到您的书。《达基浴场》是我读过的书之中最深入人心的一本。您将比利牛斯山和阿尔卑斯山都再现在我眼前。何况，同您在一起，人总是站到了高峰顶端。

您关心的那本沉重的小说（对我来说是沉重的，对别人亦将如此），一年之内尚写不完。眼下，我正全心全意研究 1848 年的历史。我深信：教会很有些行动。

民主天主教会的各种危险都发生了，正如您在《革命》一书的序中指出的那样。

紧握您的双手，亲爱的大师！

请相信：我深深地爱您！

致乔治·桑

1876 年 4 月 3 日

星期一晚于巴黎

亲爱的大师：

寄来的书今天上午收到。我还有别人早就借我的两三册书，拟先草草读完，周末来读您的大作（那时我将做一次小小的旅行，准备在旅途中看）。

您喜欢都德的《杰克》这本书，我很高兴。这是一本可爱的书，对吧？要是您认识其作者，比之作品，一定会更喜欢作者本人。我已请他给您寄上《李斯莱》和《达达汉》。我事先就确信：您会为能读到这两本书而感谢我的。

比较《杰克》和《卢贡家族》，是很有意思的。我以为：后者比前者强得多。都德过于照顾效果、趣味，并且有些猎奇，您不觉得吗？他句子冗长，但并不新鲜，描写仔细，显得啰唆，并且有讨好读者之嫌。

他长篇大论地描绘女人的敏感。他的主人公是一位殉难者，而不是一个人物。关于赛西尔的一段是失败的。结尾"获得解脱"的话，似乎是老生常谈。然而造就他成功的，恰恰是我责怪他的这些地方。假如他改掉这些毛病，销售额就会下降。至于他的优点，我就不说啦。优点是突出的，而且很多很多。

《卢贡家族》的构思和创作要严肃得多。我觉得那属于另一个量级。书里没有一句多余的话。实实在在，没有一句大话。

不过，我对屠格涅夫否定《杰克》的那种严厉态度，以及他对《卢贡家族》的过分欣赏，实不敢苟同。

前一部作品很迷人，而后一部作品刚健有力。但这两本书，没有一本能首先考虑我认为的艺术目的，即美。

我记得当我欣赏雅典卫城的墙壁（特别是左侧向上延伸的那堵墙）时，我的心激动不已！哎，我在想：一本书（不管说的是什么）能不能产生同样的效果呢？

在联结的精准、材料的罕见、表面的光洁、整体的和谐等方面，难道没有一种内在的品质，没有一种神奇的力量，或某种永恒的东西，作为本原吗？（这是作柏拉图式的泛论）

同样，在恰当的语句与音乐性的语句之间，为什么有着必然的关系呢？为什么当您集中思想时，总能想出诗句来呢？匀称的法则既主宰感情，又管辖着形象；表面上是外在的东西，恰恰正是内涵哩。

我要是再这样高谈阔论下去，就会完全走到一条错路上去了。

因为，事情还有另外一个方面：艺术应当是淳朴的。换句话说，艺术应当是人所可能做到的那个样子。我们并不自由，每个人都身不由己地自己走自己的路。总之，鄙人的脑瓜里实在没有什么稳稳当当的思想。

然而，取得一致又是多么困难！

有两个人——屠格涅夫和左拉——是我很喜欢的，并且认定是真正的艺术家。这并不妨碍他们一点也不欣赏夏多布里昂的散文，更不爱读戈蒂埃的文章。

我喜欢得如醉如痴的句子，他们都觉得空洞无物。

谁对谁错呢？当您最亲近的人也显得如此遥远时，又怎么能够取悦大众呢？

所有这一切令我伤感之至。您可别笑话我。

让咱们往下走几级，谈谈次要的事。维·博里[1]是不是就是您那位也叫博里的朋友？如果是，能不能替我写封热情的信给他，委托他一桩事，以解我囊中羞涩之困？

---

1 维克多博利公司（Victor Borie）职员。

致居伊·德·莫泊桑

1876 年 11 月 23 至 30 日
于柯瓦塞

　　为能认真谈论您关于巴尔扎克的那篇文章，我得先去读那册书[1]。从内容看，文章是否太短？而且除了关于柔情的部分，似乎还应提到其他内容。

　　至于大作文风，我觉得连一个逗号也不必改，您是坚持自己信条的。

　　这位大人物既非诗人，也不是通常说的作家，但这无碍于他成为伟人，我对他的敬仰比过去减弱了许多。这是因为我越来越追求完美，也许是我错了。

　　好好维护同拉乌尔·杜瓦尔的友谊，他可以帮助您。

1　指不久前刚出版的《巴尔扎克通信集》。莫泊桑写了《从书信看巴尔扎克》一文，于 1876 年 11 月 22 日发表在《民族报》。

没有比他更好的人了。

新年之前您见不到我啦。我像三万名黑奴那样，缓慢而艰难地开垦着。[1]请告近况。

您的老头子，他拥抱您。

又，我的甥女将回巴黎，时间为下周。

---

[1] 指写作《希罗迪亚》。

致居伊·德·莫泊桑

1878 年 8 月 15 日
于柯瓦塞

　　委派拉姬艾事 [1] 已妥，我有一函寄巴黎，因不知左拉乡间的地址。说此人不好，您可以直接告诉拉姬艾。她本可以亲自给我写信嘛。

　　您上封信里，没谈及您可怜的妈妈。我想知道她的消息，她是否一夏天都待在巴黎？您 9 月份去埃特勒塔吗？10 至 25 日，我将去巴黎，为首都"增光"。咱们可在那里一见。但不要对任何人提及。

　　《布法尔与白居榭》，进展缓慢。现正准备写政治那一章，所有的笔记差不多已做。一个月来，没干别的事，

1　左拉的《小酒店》改编成戏剧，苏珊·拉姬艾欲扮演剧中的女主角，请福楼拜从中斡旋。

希望再过半月可以动手写起来，一部什么样的著作啊！至于想让大众去读，就这么一本书来说，无疑是异想天开！然而，

> 人总按捺不住，不免沾沾自喜
> 看到自己在当地名列第一！

我的好人儿，您对这两句诗有何感想？知道出自何人之手吗？出自德·德高得笔下！他上周在鲁昂科学院朗诵来着。您先好好想一想；然后用适度夸张的语气朗诵之，可令您得意一刻钟！

现在说说您的情况。

您说写女人的下身"太单调"了，最简单的办法就是别去写啦。"事情不够多样化。"这是很现实的抱怨，您怎么知道是这样呢？得仔细看看呀。您相信事物的客观存在吗？也许一切不过是一场幻觉？真实存在于"关系"之中，也就是看咱们用什么方式观察一切。"弊病是卑劣的"——这话对，但不等于一切都卑劣。"句型变化不多"——那就去寻找呀，您会找到的。

末了，我亲爱的好友，您似乎满脸愁云。您的烦恼使我难过，因为您可以更好地使用您的时间。应当，年轻人呀，

应当付出更多的劳动。我觉得您多少有点游手好闲。妓女写得太多！划船写得太多！活动写得太多！是的，现代人并不需要医生倡导的那么多活动。您生就适合写诗，那就写吧！何况按天性办事对健康有利。这种看法是一种深刻的哲理，一种深刻的卫生观念。

您生活在地狱中，这我知道。我从内心深处同情您。但从早晨 5 点到晚 10 点，可以全用来作诗，亲爱的，抬起头来！老是发愁有什么用！自己在自己面前应成为强者，这是成为强者的办法。更多的自豪感！那"男孩"更加大胆，您所缺乏的是"原则"，现在要知道的是什么"原则"。对于艺术家来说，只有一条原则：一切为了艺术做出牺牲。生命应当被认为是一种手段，如此而已。应当嘲笑的首先是自己。

《农村的维纳斯》[1] 进展如何？还有那部小说（其大纲令我神往），怎么样啦？

如果您想消遣，请读读我的朋友居斯塔夫·克洛丹的《第欧梅德》，别读我今天读的波舒哀《圣经的策略》。这位雄鹰在我看来已变成一只笨鹅。

亲爱的居伊，让咱们小结一下：不要发愁。发愁是一

1　莫泊桑的长诗集。

种毛病。有人以发愁为乐，当忧愁过去之后，因为用了许多力气，你就会委顿。于是又后悔，但悔之已晚，请相信我这教主的经验：他已见识过种种荒唐事。

　　衷心拥抱您。

　　又，别无友人任何消息。

致爱德玛·德·热奈特

1879 年 4 月 7 日
星期一于柯瓦塞

　　我现在能在花园里走几步了。[1]但医生发誓说，再过一个月，我就可以爬巴黎住所那可怕的楼梯了。但愿如此。

　　半个月来，有颗牙痛得要命。牙医竟让我干等了 48个小时。今天，腰又痛了起来，搞得我像一个驼背病人。健康情况就是这样。

　　您的健康状况似乎更糟？可怜的朋友，老年阶段（而咱们已到这个阶段）可不是闹着玩的。像您一样，我觉得生活很沉重。过去，还勉强能忍受。眼下我的"雄心"也远不到哪里去。

　　您对亚当夫人那本书的赞扬，我不敢苟同。您当看得

1　1879 年 1 月 27 日，福楼拜在冰上摔了一跤，腿骨骨折。

出其中欠缺的东西。那事情是在什么地方发生的？怎么会说到现代希腊人是异教徒呢？总而言之，我什么也没看懂——除去关于风景的描写。为了健康，我建议您立即读一读我的朋友希雷迪亚的第二本书（《新西班牙征战记》），书里进出墨西哥城的场景，会像神话故事一样令您眼花缭乱，像童话故事一般。他的第一本书您已读过，是不是？

德·莫泊桑夫人没有来。她的丈夫可以说是个可怜虫，现在还活着。她的身体也不怎么样，眼下财产也很微薄。她是世上难得的好人之一，是我孩提时代的朋友。我非常喜欢她的儿子，他很像舅舅阿尔弗雷德·勒·普瓦特万。我从未听说过他们在维尔诺克斯（Villenauxe）有一位女亲戚。

已用三个半月阅读哲学和磁疗的著作，准备从今晚开始（但又心存恐惧）写第八章，涉及体育、磁疗和哲学，甚至要谈到绝对的虚无主义。

第九章将谈及宗教，第十章论述教育和道德（及其运用，运用于迄今所获的一切知识领域）。剩下的是第二卷，那只是些笔记。业已全部写好。最后，第十二章，用三四页来写结论。

我将在5月份（5月中旬或5月底，是吧？）朗读给您听，尤其是第二章的结尾；第三章论科学、第四章论历史、第五章论文学、第六章论政治、第七章论爱情。

此外，还有《庸见辞典》，那已完全定稿，准备放在第二册里。

勒南和麦齐艾尔的演说，是多么好的修辞学典范！

但是，勒南为什么要竞选法兰西学院院士呢？他已经是一个人物了，为什么要降格为凡夫俗子？

问候您的夫君。从内心深处向着您。

晚 6 时

我把信又打开，告诉您刚收到您 5 日的来信。都德的那段话我不知道。谢谢。"玛格丽特，我认出了那是您！"您在心灵和精神方面都很细致。

致爱德玛·德·热奈特

1879 年 6 月 13 日
上午 8 时于巴黎

近一月来，您对我来说会引起自责，因为没答复您的来信。今天，我有意早早起床，告诉您，我没把您忘记！

您决定不来巴黎，我很难过。可怜的朋友，是因为生病吗？那太遗憾了！您的生活很可悲！您是多么英勇啊！现在，什么时候咱们能再见面？我有一种需要，一种情感和审美的需要，想向您读我的大半部小说。您的嫣然笑容将支持我。上帝不作美，咱们只有屈从！您将愉快地获悉，我的物质条件已有一些改善。我腿不好的时候，朋友们主动关心我的命运。总之教育部部长让人问我，是否接受荣誉职务。几经犹豫之后，我终于同意挂名马扎林图书馆的副保管员。别无他故，年薪三千法郎。这样，我可以保留在巴黎的小居所，每年可在此度过三四个月。另一方面，我那位很富有的兄弟将给我三四千法郎的年金。加上我的积存和文学活动的收入，尚可太太平平度日。不过，政府的钱总是压在我心上，让我深感屈辱。为了心理平衡，我把这看成一种借贷。我设法不让政府受损，假如我能在有生之年偿还的话。啊，您的老友历经严格的审核！

这个冬天最让我生气的是什么，知道吗？那就是我的腿伤引起的怜悯。我到巴黎后，都旧话重提："您一定很痛苦吧？""没有的事儿！"于是，人们觉得惊奇。是的，我的腿伤成了一个讨厌的老话题。就像《包法利》一样，我听不得人家谈论它；一提这书名，我就生气：好像我一辈子没写过别的东西！那位夏邦蒂埃还想搞一个插图本！就像《圣于连》一样。这类让步实在太多了！

来这里的头两天，觉得厌烦得要命。后来，很高兴重见了老友。现在，任何走动、任何习惯的改变，对我来说都是不愉快的。这是衰老的迹象。只有心脏还没有老，也许正相反。但文学已变得越来越艰难。像我那样写一本书，恐怕真得有几分疯劲儿。

每天下午我去国立图书馆看书，看到一些蠢事蠢话，无非是颂扬基督的故事。写得如此之笨拙，足以使最虔诚的教徒变得不信神了。啊！一旦想证明上帝存在，愚蠢就开始啦。

您读过叔本华吗？我读了他两本书。唯心与悲观，更正确地说，是宣扬佛教。这倒合我的脾胃。

瓦莱斯的自传体小说《雅克·万特拉》写得很有才华。那可怜的家伙！他的怨愤是可以理解的。不管他，这是个可悲的孩子。我更愿意读柏辽兹的《通信集》。顺便说说，富尔和加莱想把《福斯蒂纳》[1]改编成歌剧。我与卡杜尔·蒙代斯断绝了来往。莱耶准备改编《萨朗波》。也许可以把神仙故事搬上舞台。看来，运气还不那么坏。

拥抱您。

问候您的夫君。下周我一直待在巴黎。

1　布耶作品。

致爱德玛·德·热奈特

1879 年 10 月 8 日
星期三晚于柯瓦塞

　　承您谈起《情感教育》，收到您来信时，我正在改《阿依赛》的校样（夏邦蒂埃版，大约两周后面世）。

　　这本书为什么没取得我期望的成功呢？也许罗宾发现了个中缘由。写得太真实啦！——从美学的角度说，缺乏"透视的深度"。由于着力写好大纲，大纲反而失去了作用。任何艺术作品都应集中到一点上，有个高峰，都应当像金字塔形逐步上升，或者，应当在圆球的某一点上投以明亮的光线。但实际生活里没有这些东西。不过，艺术不等于生活……

　　另一个话题：夏邦蒂埃出版的《现代生活》，将在最近刊出《心灵的城堡》。由我的甥女作插图。勒梅尔本月

15 日将在图书馆展出《萨朗波》。您可以看出，两个月来我忙得不亦乐乎。

唉，我经历了种种磨难。一位我视为挚友的人[1]，表现出最庸俗的自私自利。这种背叛令我伤心。我读到一些蠢东西，或更正确地说，读到一些令人变蠢的东西：塞居尔大主教的宗教小册子，于格神父的胡说八道，还有好好先生尼古拉把沃尔森比特尔当成了男人，因此对她大发雷霆！现代宗教肯定是一种无法言说的东西。帕尔发在《虔诚的武库》中只稍稍涉及了这个题目。在《家庭中虔诚的女人》中，您对这一章的标题"大热天中的谦和"有何见解？还建议女佣人不要去演员、旅店主和卖淫画商人家服务。这些倒是好主意。而蠢人反对伏尔泰（伏氏是一位唯灵论者），又反对勒南（他是基督教徒）。哦，多傻呀！

待在第九章《论宗教》中很难保持平衡。我写的虔诚读物，足以使不信教者变成圣徒。

我小说写完后，将读给您听，如果没别的办法，我就到维尔诺克斯去。但您如能来巴黎，倒真是帮了我的忙。请注意，大声朗读此书，需要好几天时间。

但我何时能写完？总之不会在 4 月初。然后，至少还

---

1 指拉博特（Laporte）。

得用半年写第二册。与亚当夫人的杂志还没有签约。假如报酬高，我很可能在那里出版。

您抱怨《先锋报》，我不觉得奇怪。说句私下话，达洛兹是个坏家伙，对我的态度像个顽童。

我读了普帕尔-达维尔反对都德的那篇文章。但这一切与公众有何干系。

米什莱老爹的自传，刊载在《时代》杂志上，平平而已。我怀疑他的夫人参与太多。而且，只有当忏悔过分时，我才爱读。要使一位先生在谈论自己时引起您的兴趣，此人必须有奇特之处，无论是好的还是坏的方面。把一些细节告诉读者，这是一种小市民式的诱惑，我始终抵制。

您为什么觉得政治那么丑恶？难道曾美丽过吗？

您欣赏过弗洛利安的节日吗？其目的是什么？那是登峰造极的事！雨果老爹还担任了名誉主席！闹剧、闹剧！

向您夫君致意。吻您的双手，有力地、长久地。

致居伊·德·莫泊桑

1880 年 2 月 1 日
于柯瓦塞

先谈谈《彩排》，然后再说《羊脂球》。嗯，写得好哇。列内的角色将给他以演员的名气。诗歌佳句比比皆是，例如第 53 页最后一行。时间紧迫，不一一列举。情夫的转向和丈夫的来到富有戏剧性。写得有趣、精细、可爱。

请将此书寄一册给玛蒂尔德公主，附上您的名片。我希望在她客厅里能上演此戏。

我急于要对您说：《羊脂球》是一篇杰作！是的，年轻人！一切刚刚好，堪称大师之作。构思很独特，风格很好。风景和人物都清晰可辨。总之，我很满意。有两三次，我自顾自地放声大笑。

薄蕾娜夫人的拒见使我不解。我在做梦。我在小纸片上写了我作为小卒的意见。请适当考虑。我想是好意见。

您可以相信，这个短篇将能留下去。您把那些市侩写得多好！没有一个人物是失败的，高尼岱被写得又开阔又真实。那位有麻子的女修士被写得至善至美，还有伯爵、故事的结尾，等等。可怜的姑娘在哭泣，另外一位却在高唱《马赛曲》。我真想拥抱您一刻钟！不，真是这样！我十分满意。我觉得有趣，我赞赏不已。

是的。正因为内容很坚实，而且对资产阶级来说是给他们"找了麻烦"，我想去掉两处的话，其实并不坏，但会使笨蛋们叫娘：一是年轻人朝武器扔泥土的那一段，二是"tétons"[1]这个词儿。这样改了之后，连最挑剔的妇人也不能责备您什么了。

您的女儿真可爱。如果从小您就注意不让她吃大肚子，我会感到高兴。

请向艾尼克表示我的歉意。我真是读书读得很累了，可怜的眼睛已经受不了啦。我在动手写最后一章之前，还得读一打左右的各色著作……

您是（更正确地说，过去是）一个农村人，您见到过动物怎样交配吗？我想，我这一章的某些地方将写得

---

1 法语，意为乳头。

不那么符合"贞洁"的观念。我笔下有个孩子不那么遵守公德，还有一个人物请愿，要求在他的村子里开办一所妓院！

我比任何时候都更热烈地拥抱您！

关于推广《羊脂球》，我有一些想法，希望不久能见到您。此书给我带两本来。再次喝彩！

致伊万·屠格涅夫

亲爱的老伙伴：

　　一想到再过一个月就可以见到您，我真高兴！您过去的种种忧虑都已消散。不久，咱们就可以促膝长谈啦。

　　星期日，复活节那天，您耳鸣了吗？我们一家人举杯时，对屠格涅夫的不在场深感遗憾，但为他的健康干了一杯。为您祝福的有：您的仆人我、左拉、夏邦蒂埃、都德、龚古尔、我的医生福尔丹，以及 "小流氓"莫泊桑（像拉姬艾说的那样）。

　　关于莫泊桑，他的情况不像我原先所担心的那么严重，他没有什么器质性的疾病。但这年轻人风湿病严重，并且神经极其衰弱。

晚餐之后，这些先生就在这里过了夜。次日午餐后才离去……

雕刻家普拉迪埃，当他 1848 年在残疾军人院工作时，习惯于喃喃自语："皇帝的陵寝也将成我的坟墓。"至于我，则可以说："我的书应当结束了，不然，就是我的生命应当结束了。"坦率地说，我累得要命！我在做额外的"功课"！还得干整整 3 个月！——还不要说第二册，那还要 6 个月。总之，我担心结果不符合努力。我已感到精疲力竭，可能结局写得十分之弱，甚至完全失败。

何况我完全不明所以，手足疲软，胃部痉挛，几乎再也睡不着觉。——抱怨得太多咧。

现在我的计划是：希望在 5 月 10 日左右到巴黎，一直待到大约 6 月底，在柯瓦塞过两个月，写第二部的一些片段；9 月再回到巴黎，就长时间不动窝了。

高曼维勒[1]这个月应当在的里雅斯特了。他对俄罗斯之行感到满意。

我外甥女两幅肖像画已被博览会接受，她向您致意。

报刊将咱们的朋友杜刚说得一无是处，可他是新当选的法兰西学院院士啊！

---

1 福楼拜的外甥女婿。

《现代生活》继续用《心灵的城堡》刊载的漫画来诋毁我。我可怜的神幻剧，运气不好哇！可是干吗去听别人的意见呢？为什么要让步？

别人寄赠的书，我一本也没读过。因此，我讲不出什么文艺方面的消息。

我最大的愤慨现在是针对植物学家的。很难让他们理解我觉得清清楚楚的任何问题。您可以自己去看。您将为这些人脑子里没有判断力而感到惊奇！

请尽量抽几分钟给我写信。这将是做好事。您在返程时，请到我们这里来一下。

亲爱的老伙伴，我用双臂拥抱您。

致居伊·德·莫泊桑

1880 年 4 月 25 日
于柯瓦塞

我的年轻人：

您爱我是有理由的，因为您的老头儿珍重您。我立即读了您那本书，其实三分之二的内容我已熟悉。咱们以后再谈。……

您的题赠使我想起了许多往事：您的舅父阿尔弗雷德，您的祖母，您的母亲。老头我一时感到难过，双目流泪。

请为我收集有关《羊脂球》以及《诗集》的各种评论。

我因迪朗蒂的赞扬感到气恼，他是否会步泰洛尔男爵的后尘？

您来柯瓦塞时，记得提醒我给您看好伙计迪朗蒂关于

《包法利夫人》的文章。应当留着这些东西[1]。

莎拉·贝尔纳是一种"社会现象"。请读一读昨日的《现代生活》上富尔科的文章。蠢话到何时才能说完。

1　迪朗蒂对《包法利夫人》一书评价不高。

致居伊·德·莫泊桑

1880 年 5 月 4 日
星期二晨 10 时于柯瓦塞

我致班维尔的信，今晚将会到巴黎。

下星期，请将那些作所谓文学评述的蠢货的名字告诉我。然后，咱们就架起"大炮"。不过，要记住善良的贺拉斯的那句名言："他们都是仇视诗人的。"

还有那个万国博览会！……先生，我听够啦。事先说得太多，都变得讨厌了。

关于低等艺术，我星期一已给年轻的夏邦蒂埃写了一封信，说明古希腊人的看法。《现代生活》的最近一期，并未详加说明……

如果夏邦蒂埃出版社不立即付给我所欠的版税，《布法尔与白居榭》就找别处去出版。过于重视蠢话，无谓卖弄学问，使我愤怒。

大作可曾寄一本给海雷蒂亚？

《梅塘夜话》的第 8 版呢？天哪！《三故事》才出了
4 版。我都要妒忌了。

下周初，你可以来见我。[1]

你的老头拥抱你

1　1880 年 5 月 8 日上午 11 点至 12 点之间，福楼拜突发脑溢血病故，享
年五十九岁。

辑四　内心的使命

致鲁伊丝·高莱

1852 年 9 月 19 日
星期日晚 11 点于柯瓦塞

请允许我，亲爱的鲁伊丝，不对你的心理学嗅觉说赞扬的话，你太轻信罗捷大嫂[1]对你说的一切了。她是个装腔作势的小女人。

对雨果头脑发热了十年，算得一份痴情。这位大人物应当有所知。罗捷夫人只说了一半真话。你说她故意撒谎，也许不到这个程度。你说女人总是天真，即使在装腔作势的时候也如此。她们把自己的角色太当真，自然而然与角色融为一体。另外还有一种成见：为人要端方，要有良心，要有理想，应崇尚灵魂，而肉体是可耻的。心灵啊心灵！这是个不幸的词儿，可以把你带到悬空八只脚的地方！

---

1 指布耶的情妇。

授奖那天，我很想上楼看你，只得等在门外马车里，雨水不停……这是真的，碍于夫权[1]的重压。是的，一切取决于心灵，不管我们是多么卑微。我也想成为天使，我对自己的肉体、吃饭睡觉的欲念感到厌倦，我梦想修道院生活、婆罗门禁欲主义，等等。

这本《包法利》真令人头痛。好在开始有点儿门道。我一辈子也没写过这么难写的东西，尤其现在正写着粗俗的对话。旅馆一场，可能得花我三个月工夫，自己也说不好。有时真想大哭一场，深感自己的无能。我宁可尽瘁于斯，也不愿跳过不写。一场谈话，要写五六个（开口说话的）人，好几个（别人谈到的）其他人，还有地点、景物。其中写到一位先生和一位夫人趣味相同，开始有点好感，钟情起来。如篇幅允许写的话！还要急速而不枯燥，故事有发展而不突兀，蓄势以引入后面更引人入胜的细节。造句就很难。让最凡俗的人也讲话斯文、说话礼貌，表达上就会失掉很多生动别致！

亲爱的，你说到荣誉、前景、喝彩，等等。这老旧的梦想已羁縻不住我了。我不是假谦虚，不，我什么都不信了。我对一切都抱怀疑态度，这又何妨？我已认命，一辈子像

---

1 此时鲁伊丝·高莱是已婚身份。

黑奴一样干苦活儿而不求报酬。养个肿块来搔，如此而已。以现在的写作速度，想写的书到死也写不完。不缺要干的事，这很要紧。愿上帝一直予我火与油！上世纪有几个文人，对戏子的挖苦大生其气，寻思报复。有人劝诗人皮隆率先开炮。伏尔泰说："但是你并不阔，可怜的皮隆。"皮隆回答："阔不阔，我不在乎。"说得多好呀！世上许多事就得如此对待。假定能够成功，何需更求确信？除非是白痴，一般人到临死对自己和作品的价值都没有把握。维吉尔临终时，叫人烧掉他最重要的史诗作品《埃涅阿斯纪》。这样做，或许有助于他的荣名。跟周围人比，不禁要自我欣赏；但当你举目仰望，仰望大师、绝对、梦想，又会觉得自己是何其卑微！

我想鲁昂的报纸将会谈到你，至少他们曾这样承诺，但对这类傀儡又能有何指望！

巴黎，文人，出版物，想到这些便要作呕。我不会叫印刷机叹息的，干吗自找麻烦？况且目的也不在此。假如哪天我陷身此种泥淖，那就像下雨天走在开罗街上，穿着靴筒齐腰的俄罗斯皮靴——自己找罪受！

在梦境中转了一圈，又想起了你。我像疲惫的旅行者，躺在路旁的草地上。醒来便想到你，你的样子常在我字句间闪现。我可怜的爱人，留在我身旁吧！我觉得那么空虚！

我很爱人，人却很少爱我。你是唯一对我指明这点的女人。别的女人一时里快活得直喊叫，或像好姑娘那样爱我一刻钟或一个夜晚。一夜，很长了，都不大记得了。我说她们错了，我比别人或许更有价值，怪她们不知道充分利用。你所说的"情话绵绵的爱情"，高乃依似说过"温柔的迷魂汤"，我都有过。这无以名之的财宝，如给别人捡去了，我会发疯的。这是一种幸福。我现在人变蠢了。有些东西给阳光风雨带走了，有许多回到了地下，余下的全归你。属于你，完全属于你。

布耶近期会寄给你两首词，以便配乐（如果可能，不过他甚怀疑）。他回去睡觉了。此信明天送交邮局。我要到鲁昂参加一次葬礼。真是苦差事！可悲的不是葬礼，而是见在场那些市侩。大多数是我的同类，似乎越来越可憎。（神经上受不住。）

再见啦，千百次的温存千百次的爱。如你愿意，下次在芒特见。

你的居斯塔夫

致恩斯特·费多

1857 年 8 月 6 日
星期日晚于柯瓦塞

老兄：

我的熟人中，你是最可爱的一位。一见到您就喜欢，自有我的理由。这是我要告诉你的第一点。

有人骂我"笨蛋""恶狗""讨厌鬼"，等等。是的，文学令我烦，厌烦之至！但，此非我之过。文学成了与我脸面不可分的"麻子"，无法摆脱！文学、美学，弄得我昏头昏脑。像医不好的炎症，侵蚀着我，活着就不能不每天去挠挠。

你想知道我内心最坦诚的想法，我可以如实以告：我至今没写出自己完全满意的东西。我觉得自己有理想（原谅我用大词）的风格，而且很明确，我追求这种风格，这种追求跑得我接不上气来。因此，绝望是我的常态，只有暴烈的消遣才能使我脱出绝望。再说，我的天性并不快乐——低级滑稽、淫言秽语，你愿怎么想就怎么想。虽然如此，但不伤悲。总之，生活令我十分厌烦，这就是我的信条。

六周以来，我像个懦夫，在《迦太基》前退却。笔记成堆，书本成筐，但找不到灵感，看不清目标何在。一本书要能流溢出真东西，作者头脑里就得塞满有关主题的一切。这样，色彩自然就有了，像是必然的结果，思想也会像花一样绽放。

眼下，读普利尼[1]的著作不得要领，正从头至尾读第二遍。有关雅典与色诺芬还要做许多研究，碑铭科学院里还有五六份报告要研读，我想这大概是全部了。接着就是对所拟大纲认真加以思索，再动手做起来。于是开始遣词造句的灾难，音节是否和谐，句长句短是否合适！比喻又会弄得我辗转反侧。

说实话，比喻倒不太担心，伤脑筋的是故事的心理方面。

老兄，想来就来，你来我总很开心。不过，先要奉告：一、9月要接待来自香槟省的亲戚。二、这个月有一位你

----

1 古罗马著名律师。

不认识的少年要来，22 日离开，届时你不是要来看望老叔我吗？但是，年轻人，希望你早晨能让我睡觉，路勿走太多，好吗？

我觉得（当然是私下里说）：一、《艺术家》杂志刊登波德莱尔关于你朋友的文章 [1]，拖得太久；二、小朋友圣维克多把我彻底忘掉了，是不是他《加咪娅妮》[2] 看得太多了？

把戈蒂埃拉来，如他能来；你若愿一人来，则作罢。

见到保尔·麦利斯时，请代问他是否将拙作寄给了雨果老爹，是否已说服小仲马要皈依纯艺术。如已办到，我就要封你为伟大的演说家，尤其是伟大的魔法师！

再见，老友！

1　指波德莱尔的文章《福楼拜先生的〈包法利夫人〉及〈圣安东尼的诱惑〉》，于 10 月 8 日刊出。

2　《加咪娅妮》是一本色情小说。

致戴奥菲·戈蒂埃

1859 年 1 月 27 日
星期一于柯瓦塞

亲爱的老戴奥菲：

　　费多来信告诉我，你目前在莫斯科，2 月底我们将能见面。哈利路亚！因我不可思议地想念着你！去年 11 月，我在巴黎时没见到你感觉很不舒服，你看看！

　　经常一想起，就是你在大雪纷飞中乐呵呵的长面孔。仿佛看到你坐在雪橇上，裹着厚厚的毛皮外套，低着头，拢着手……

　　你发表在《箴言报》的文章，我一篇都没读到。听说你在圣彼得堡大受欢迎。我等着你文章编成书后再读。

　　你回到法国时，会发觉这个国家比你离开时更荒唐。现在，男人也穿灯笼裤。这种灯笼裤爱好实在是淫秽的标志，像米什莱[1]老爹说的，是一种奇怪的象征主义。

此公刚出了一本谈爱的书，称梅拉妮·华尔多夫人为19世纪排名第一的散文家……书中尽讲卵巢、哺乳、百年好合，等等。颂扬婚姻，把夫妻生活理想化，总之，有些婆婆妈妈的呓语！

另一方面，读者对《穷小子传奇》[2]趋之若鹜，看的看，诵读的诵读，被当成药一样服用！可悲的药物！

关于被称作"艺术世界"的大茅坑，我知道的就是这些。

至于我，三个月来是彻底的独自一人，沉浸在《迦太基》和相关书籍里。我中午起床，半夜三点睡觉，听不见一点声音，看不到一只懒猫，过着奇特而愤世的生活。既然生活是无法忍受的，为什么不像变魔术那样把自己隐藏起来？

我不知道《萨朗波》会写成什么样子，但我知道会很难。我累得像条狗。但可向大师保证：意向是善良的。其中没有一种主张，也不想证明什么。我的人物不是在说话，而是在大叫大嚷。从头到尾，就是血的颜色。有男妓的妓院，有吃人肉者，有大象，有酷刑。这一切可能是痴愚的，令人讨厌的。什么时候写完？只有天晓得。

1　儒勒·米什莱（Jules Michelet, 1798—1874），法国历史学家。
2　奥克塔夫·费耶的作品。

目前，我正受到"正派人"的蔑视。费多的小说新作题献给我，《现代杂志》的执笔者，就以此为借口，撤回他们的文章。据说不愿为被我名字"污染"的杂志而写作。蠢也蠢得太过分啦！

很想在下月末能见面。寒舍里与你单独相对，以肘支桌，神侃长聊。

一回国，就来叩我门！我将跳到你颈脖，热烈拥抱你！

致恩斯特·费多

1859 年 10 月 26 日
星期三晚于柯瓦塞

来信很凄美，很悲切，可怜的费多[1]！等你情绪稍平复，咱们回头再谈。人之死丧，理应崇敬；以丧事的名义，以美的名义，请你握紧双手，努力前进！跳出现在这圈子！须知痛苦也是一种疏解，痛苦也是一种陶醉。痛苦会变成积习，人生本不可容忍，痛苦也可成为观察人生的方式。

你现在悲伤是否略消释？"痛苦的忆念"是否已融化掉？哀伤过后，是否也浑身一快？半个月来，常想着你，看你一个人在屋里，在空荡荡的房间里走来走去，在桌前坐下，双手托着脑袋，头沉甸甸的像座山，热烘烘的像熔炉！

遗忘了，也勿自责。我辈理应膜拜绝望。我们应该与

---

1 费多的妻子于当月 18 日去世。

命运匹敌，就是说应像命运一样，漠然，无动于衷。一直说"就该如此，就该如此"，两眼去凝视黑洞，心情慢慢就会平静。

你还年轻。我相信，你胸中还有伟大的作品要涌出来。记着，得动手去写。应当这样去做。请注意，我没给你任何安慰。安慰别人，是不对等的做法。

假如戈蒂埃出席葬礼，你可以相信，他在头脑里会认为是做了壮举（我认识他已久），应表示感激。对别人区区不足道的事，在戈蒂埃看来已逾分了。你先洒扫庭除，把一切安排停当，再请他重上先生堂。

现在谈谈你的事。是不是真像你说的陷于绝境？你是否决然告别了证券交易所？不能在那里找到谋生手段吗？真是如此，能否找一类似的行当？关于钱业，你已精于此道，万勿丢弃，虽然你被暂时抛下，因为你在这方面可称得是行家里手。至于文学，可以为你提供相当的收入，但是（这"但是"两字很有分量）匆忙草率，为商业目的写作，最终丧失的是才能！很多强手都栽倒了。艺术是一种奢侈，需要白净的手，平稳的心态。你先做一个小小的让步，然后两个，二十个。开始一段时间还对道德操守抱有幻想，后来就全不在意了。到这一步，人彻底麻木了，或接近麻木了。你并不生来就是当记者的料，谢天谢地！我就请你继续努力，一直以来怎么做的现在就怎么做。

　　家母正在打点行装准备去巴黎，你不久就可见到她。半个月后也可见到我。这星期日，我等杜勃朗来访。

　　我的情况如上所述。再见啦，可怜的老朋友，拥抱你！

致爱德玛·德·热奈特

1864 年夏
于柯瓦塞

没有什么比夏季美好的夜晚更带忧郁色彩。永恒的
自然力让我们感觉到，我们可怜的个性多么虚妄！

看到自己的孤寂与焦虑，我自问：我是白痴还是圣
人？这种古怪的意志为我增光，但也许标志着愚蠢呢。
伟大的作品不要求这么多艰辛！

我愈益不满于近代改良派。其实他们什么也没改良。
圣西蒙、勒鲁、傅立叶和蒲鲁东，全都陷入中世纪！世
人未注意到，他们全都相信《圣经》中的"显灵"。

为什么用一些不可理解的东西去解释另一些不可理
解的东西？以"原罪"释"恶"，等于未释。寻根究底
是反科学、反哲学的。在这个问题上，宗教比哲学更令

我不快：宗教声称自己无所不知。说这是一种心理需要这我同意。这种需要值得尊重……

至于"赎罪"之说，则源自狭窄的司法观念，是司法野蛮、混乱的一种观念，将"遗传性"转化为人的责任。

东方"善良"的神明并不善良。它让儿童为父辈的过错付出代价……

当我们扬言正义、愤慨或上帝的慈悲时，其实是在原地踏步。人类一切品质都是相对的，与"绝对理念"水火不相容。

晚上的月光多么皎洁！

周一午夜，有游人自集会返回，乘小舟经我窗前，吹奏着管乐器。突然惊扰到我，便起来关上小窗……心潮起伏。

啊，苏莲托的橘树多么遥远……

致希波里特·泰纳

1865 年 12 月 12 日
星期二于柯瓦塞

亲爱的泰纳：

我用两句短话告诉您：大作《新评论集》拜读之下，何其令我高兴！这才是真正的评论啊！

没见过像您评论《大地与天空》[1] 那么成功的文章。行行令人赞叹！您会自言自语："正是这样，正是这样！"读者终于感受到绝对的满足。

我也佩服您对佛教的分析，那是该书中的两篇杰作。我读过巴尔扎克的作品，为避免重复，恕不赘言。您已做了最终判断嘛。

至于拉辛，请允许我指出，在第 260 页上："找不

---

1 让·雷诺作品。

到……任何正确的形象！"对不起，人家根本没考虑"形象"。他处处写着：让我们倾听塔西尔的叹息！

倾听当然与两眼无关。17世纪常云："燃起火焰。""火焰"当指爱情。"燃起"在这里指"以成功的婚姻"予以实现。

是的，这些人考虑到了风格问题，但他们是逆向思维。为什么16世纪诗人的作品中没有虚假形象？追求概念的热忱消除了他们对大自然的感觉，他们的诗学是反自然的。

您精辟地指出他是如何与自己的时代相契合的，您的这类分析被认为是大师手笔。我愿看到您探讨的是美学方法，而不是根源。

我要为马克·奥瑞尔向您致谢（此公是我日历上标明的圣人之一）。总之，大作令我着迷。我急切期待您允诺赐予的另一本书。

紧握您的双手。

又，何时能读到您的《意大利游记》？

致乔治·桑

1866 年 9 月 22 日
于柯瓦塞

说我是一个"神秘的怪物",哈哈!恰恰相反,正好相反!我觉得自己平庸得令人作呕。我常因自己根深蒂固的小市民气息而感到烦恼。

圣伯夫一点也不了解我,不管他自己怎么说。

我向您起誓,少有像我这样毛病多多的人。我想得多、做得少。肤浅的观察者常弄错,注意不到我的感情与思想不一致。若想听我的忏悔,我就全部道来:在混乱的斜坡上,幸好有一种"可笑"感制止了我向下滑行。我坚持认为玩世不恭接近纯洁无辜。

下次面晤还有很多可说的。

建议做如下安排:我的住所在这个月里将较拥挤,

住起来很不舒服。约 10 月底（或 11 月初），您可以到我这儿来。您将有自己的房间，可供写作的桌子。好吗？咱们一共三人。包括家母。

我觉得，您对布列塔尼失之严厉。我不是说那里的人（他们像猪猡一样毫不可爱）。我特指有关凯特尔人的考古。

1858 年，我在《艺术家》杂志发表了一篇文章。但手头并无此刊，连刊载文章的月份我也忘了。

我一口气读了十卷《生平故事》[1]；此前只断断续续看了三分之二。给我印象至深的是修道院生活。就此，我有许多看法要奉告。

常下雨吗？您在诺昂还要住多久？

向您祝贺什么呢？祝咱们再次见面吧。

吻您的双手。

家母无日不提及您。若能再见到您，她将十分高兴。

1　乔治·桑的自传。

致乔治・桑

1866 年 12 月 5 日
星期三晚于柯瓦塞

啊，马朗戈燕子的那封信写得多好[1]！我是认真说的，这可是一篇杰作！没有一句话不是天才的句子！看得我多次独自哈哈大笑。谢谢您，亲爱的大师，您真好。

您从不告诉我您正在干什么；剧本进展如何？

您不理解我在文学上的种种苦恼，对此我不觉得奇怪。我自己也一点儿弄不懂！

然而，这种种苦恼是存在的，并且很厉害——我已经不知道该怎样写作了。

1　指乔治・桑的信，这是在路易・布耶配合下开的一个玩笑。为了让福楼拜开心，在他前一天（1866 年 12 月 4 日）收到的信中，有一封署名"马朗戈燕子"的女子来信，表示崇拜向往之情。

在无穷无尽的摸索之后，我能表达的只是自己思想的百分之一！您的朋友不是一个容易冲动的人——不，完全不是那样的。比如，我反反复复弄了两整天，结果连一个段落也没完成，有时我简直想痛哭一场！

我使您怜悯了吧？其实我也在可怜我自己。

至于咱们讨论的话题（关于您那位年轻人），您在上封信里写的那些，也就是我的看法。我不仅在实践它，而且还积极提倡。您问一问戈蒂埃就知道了。不过咱们应当取得一致：艺术家（他们都是鼓吹信仰的"神职人员"）保持洁身自好是不会有什么危险的。正好相反哩。可一般市民又如何？又有什么必要呢？某些人倒需要有点人情味。坚持这样做的人，甚至是幸运的。

与您的看法相反，我不认为有了"理想艺术家"的性格，就可以把事情做好。也许他是个鬼怪呢。艺术从来不是为了描绘例外情况，甚至，我要将自己心中想的东西挪到纸面上，竟产生一种无法抑制的抵触心理。

我认为，小说家没有权利对任何事发表自己的看法。

上帝说过自己的意见吗？正因为如此，我感觉有许多东西令我窒息，想将它们一吐为快，却又咽了下去。

其实，说出来又有何用处？任何一个人都比居斯塔夫·福楼拜先生更值得注意：因为那人更具有一般性，因此也就更有典型性。

不过，有些日子里，我觉得自己连白痴都不如。

现在我养了一缸金鱼，看看也开开心。在我进餐时，金鱼与我相伴。对这么庸常的事物感兴趣，蠢得可以！

再见啦，时候不早了，我头疼得厉害。

拥抱您。

致圣伯夫

1867 年 6 月 27 日
星期日于柯瓦塞

亲爱的大师：

不做蠢事者、艺术爱好者、爱好思想和写作的人，都将无限感激您！

这是因为：您为他们辩护[1]，保卫他们的"上帝"，以及咱们那个受到侮慢的上帝。

在这种环境里，能说的就这些。您运用语言时的分寸和准确，更加突出了别人的胡言乱语，及其含糊与荒唐。他们没有什么了不起，这是可以肯定的。

人类何其悲哀！世界上第一次在一个国家举行（现

---

1 针对要求在民众图书馆撤除"坏思想"作家如伏尔泰、卢梭等人著作的提案，圣伯夫 6 月 25 日在上议院发言，捍卫思想与艺术自由。

代）政治集会，您礼貌地向他们宣示了真理，想来必将令他们折服。

您使出如许雄力，不至于病倒吧？请代我要求特鲁巴先生，不时将您的消息告诉我。

但愿我的手臂有 250 里长，可以拥抱您！一个月后，我将这样做。

一切属于您，亲爱的大师！

致儒勒·杜勃朗

1867 年 12 月 15 日

星期日于柯瓦塞

善良的老友：

我多么想同您在一起：

一、因为我与您同在；

二、我要去埃及了；

三、我不必干活了；

四、我可以接受日光浴，等等。

您想象不到今天天气有多坏！天色就像不净的尿壶，泛着淡灰色。与其说是丑，不如说是蠢！

家母去鲁昂了，我完全独居。大人[1]一般周日来看看我。可今天，他邀了一位挂毯商人进餐。他开始恢复平静，

1　指布耶。

我猜想他捕捉到了一个新题目。由于搬家，他有些不知所措。

前天收到马克西姆来信，他境况颇顺，居然向梯也尔先生叫板，而梯也尔是当今法兰西之王哟！

先生，这就是咱们当今的处境，也是"民主"造成的愚蠢后果！

如果继续走伏尔泰的路，而不是盲从卢梭、新天主教主义、哥特式和博爱，咱们不会落到这等田地的。法国要变成某种程度的比利时了，也就是说，要分裂成两大派。也好！可因为要从一切中得到个人乐趣，我自己乐见梯也尔的"胜利"。他反使我更讨厌我的祖国。我对他这位"仲裁官"也更加敌视了。

您能这样满不在乎地议论宗教与哲学吗？何况，我拟将梯也尔写进小说。写到六月事变后的反动时期……

亲爱的老友，我干活儿甚卖力，不亚于三万名黑人壮劳力。但愿在一月底写完第二部分。为在1869年春结束一切，好在两年内面世，我一日也荒废不得。前景在望喽。

有些日子（比如今日），我深感倦怠，连站起来都十分困难，时时有憋气之感。

上周四，我已满46周岁。这令我产生哲学的遐想：

回首往事，自己算不得"虚度年华"；可是天啊，我又干了什么呀？该拿出点儿像样的货色来啦。

为我，请研究一下《东西方的流氓》一书。代我回忆一些小故事，并烦请笔录。

别耽于欧式台球！去看看金字塔！谁知您是否再去埃及？不要错过机会！请相信您经验丰富的老友，他很爱您。

记得捎来：一、一小瓶香油；二、一根皮裤腰带。记着您的老友已是大腹便便喽。

要说新闻，艺术家费多写了《德·夏利伯爵夫人》，成就不凡。他在《费加罗报》上与以色列神父利维唇枪舌剑地辩论。龚古尔兄弟的《玛奈特·萨洛蒙》赢得一件长衫——其长度足以做裹尸布。

苏珊昨日在"新剧场"演出，剧本正好也叫《苏珊》。我以为很精彩。夏特莱剧场演出的《格列佛游记》却叫人打哈欠。主事诸公照旧大赚其钱。

说及读书，我最近研究了喉炎。医生的文章不胜冗长而空洞，是些空谈家！而他们又目无律师。

让我记得给您捎一部贝雅尔《诗集》。集子里赞扬鲁昂城⋯⋯

再见吧，亲爱的老友。

望多保重，多一点娱乐，尽量多看一些东西。向（你老板）大个子[1]致意。盼复！

拥抱您！

又，盼告大驾何时光临。您大概会比我早到巴黎。

---

1 指亨利·切尔努西（Henri Cernuschi）。

致乔治·桑

值此 1869 年新年伊始，祝您新年快乐！这是俗套啦，但我喜欢！

现在让咱们聊聊：不，我不曾"过度兴奋"。时下身体很好。人家在巴黎发现我"年轻得像一位小姐"。不了解我生平的人说，这表面的健康是因为"乡下空气新鲜"。这真是先入之见了。

人人有自己的卫生习惯。我不饿的时候，唯一的进食就是干面包。难消化的食物，如做苹果酒的苹果（青苹果）、肥肉之类，会引得我胃疼……

说到我的"工作狂"，我比之为皮疹。我叫叫嚷嚷，为自己搔痒，既快乐又受罪。

自己想做的事往往做不成。题材不能自选，题材是强加的……与我气质相符的题材会从天而降吗？我能全力以赴地写一本书吗？我虚荣发作时，似乎隐隐约约地看见小说应当是什么。但在写这一部之前，还有三四部要写。我像那位普吕多姆先生，觉得最美的教堂既有斯特拉斯堡的箭楼，又有圣彼得教堂的柱廊，以及雅典娜神庙的门式，等等。理想中这些元素是相互矛盾的。由此，感到为难、停滞、无能为力！

说我"自闭"是"一种乐趣"，没有的事！但又有什么办法？喝墨水喝"醉"，总比喝老酒喝醉要好一些。诗神不论脾气多坏，总比女人造成的痛苦要少！诗神与女人，二者协调不来！只得两择其一。我早已选定，剩下的是感觉问题。感觉始终听命于我。早在青春时期，我就能随意支配自己的感觉，如今已年近半百，妨碍我的并不是由感觉产生的情绪。

这个制度不好，我确信此点。人有时感到空虚和厌烦，但随着年事增长，这样的时刻会越来越少……

我在巴黎待三天，用来找资料，为我的书奔走。上周五我累极啦，晚七时便就寝。我在首都的不规律生活大抵如此。

我发现龚古尔兄弟在疯狂地欣赏一部题为《生平故事》的传记。这证明他们更有文学趣味，而非更博学。两兄弟甚至愿写信给您，表达赞佩之情。另一方面，我觉得咱们共同的朋友哈里斯很蠢！他把费多比作夏多布里昂，欣赏《阿俄斯特城的麻风病人》，却认为《堂吉诃德》腻人，等等。

请注意：文学感何其欠缺。语言学知识、考古学、历史，等等，这一切知道了都有用。可事实完全不是这样！

所谓开明人士，在艺术上越来越麻木。他们甚至感受不到艺术，竟认为注释比正文重要！注意"拐棍"，而不重视双腿！

圣伯夫老爹似乎快乐了一些。不过他不可救药地致残，却没有生病。

我没有时间去拜访亲王（le Prince Napoléon），听说他发烧了，或至少曾发烧……多古怪的家伙，不是因为发烧，而是其他种种！

复活节前我不会外出。但愿在 5 月底前写完。今夏您在诺昂可见到我。即使天上掉炸弹，此行计划也不改变。

还有工作！亲爱的大师，您在干什么？

何时能面晤？您春天来巴黎吗？

拥抱您！

致马克西姆·杜刚

1869 年 7 月 23 日
星期五晚 10 时于柯瓦塞

亲爱的老友马克斯：

　　近半月，家母住在维尔奈依（Verneuil）瓦斯夫人家，于是卡罗琳的来信就晚了三周才收到。您看我多倒霉！我每隔两天去看布耶，发现他有好转！他胃口和精神都好，腿疾也减轻了。上周六我离开时，他的小桌上放了一本拉美特利的书，使我想起可怜的阿尔弗雷德读斯宾诺莎。没有神父去他家。我去巴黎时，带着祝他活得长些的心愿。

　　星期天 5 时，他开始呓语，大声背诵中世纪火刑法庭的判词，情绪亢奋，接着发起抖来，自言自语："永别啦，永别啦！"同时把脑袋钻到莱奥妮下巴下。少顷，悄然去世。

　　周一上午 9 时，我去杜勃朗家报丧。我东奔西走，直至下午 1 时。街上很热。

从巴黎到鲁昂的车厢里很拥挤，我对面坐着一个女人，一边抽烟，一边把腿跷到凳子上，还一个劲儿哼唱。见到芒特钟楼时，我觉得自己要疯了。见我面色如此苍白，那女人便给我擦香水。我醒了过来，但口渴极啦。在沙漠里也没这么渴过。

终于，到了霍尔特街，细节且按下不表。从来没有像小菲力普[1]那样心地善良的。他和好心的莱奥妮悉心照拂临终的布耶。他们做了一件我认为适当的事……

我和多斯莫依安排了丧事。至少有两千人参加葬礼，包括省长、总检察官等。我冥冥中觉得死者还在，仿佛是我俩参加第三者的葬礼！那天热得要命，是暴风雨前的那种闷热。我汗流浃背，登上公墓时已累得要命。

好友考德隆把布耶的墓地选在他父亲的墓地一旁。我靠着栏杆才顺过气来。有三人发表诔词。

次日，我去塞尔吉尼找母亲。前一天，我去鲁昂取来她所有的证件。今天又读了写给我的所有来函！就是这样。

啊，真难受呀，老兄。

他的遗嘱，遗赠莱奥妮三万法郎，外加一些杂物。书

---

1 莱奥妮之子。

籍和文件归菲力普。他指定菲力普约请四位友人，共同决定如何处理他未刊著作。四人是：我、多斯莫依、你和考德隆。

他留下一部极好的诗集、四部散文剧本和《阿依赛小姐》。奇依（Chilly）不喜欢该剧的第二幕，不知他将如何处理。

愿今冬您和多斯莫依同来我处，共同安排出版事宜。

我的脑袋使我受苦不浅，写不下去了。

再见，热烈地拥抱您。

我可怜的老马克斯，没有别人啦！仅仅剩下您啦！

致考尔努夫人

1870 年 3 月 30 日

我再说一遍：社交界人士总是无中生有——明明没有影射，他们却硬要说有。我写完《包法利夫人》时，有人一再问我：

"您写的是某夫人吗？"

我还收到一些陌生人的来信，有一封是兰斯的一位先生写来的，说我替他向一个不忠的女人报了仇。

下塞纳河一带的药剂师，都以为郝麦是写他们，便跑到我的住所，要掴我的耳光。

最叫人发噱的是，一位非洲军医说，他的妻子就叫"包法利夫人"，而且酷似我那书中的女主人公。其实，我是从"布瓦莱"的变音杜撰了这个姓名。

老友莫瑞谈及《情感教育》，劈头就问：

"您认识当数学教员的某某意大利人吗？""您笔下的塞内卡简直就是他的复制品，处处都一样，头发的式样也不例外！"

甚至有人硬说，我笔下的阿尔努是某出版商！可惜我与该出版商从未谋面。如此等等。

这些是为了告诉您：亲爱的夫人，公众硬说我有这样那样的意图，而我确实没有，真是搞错了！

我相信，乔治·桑并不想描绘任何人：第一，她的思想境界很高，有优雅的审美情趣，对艺术十分尊重；第二，她品德高尚，有礼仪观念，并且处事公正。

说句私下的话，这个指控有些令她不高兴。报纸天天把我们推向垃圾堆。虽然我们以握笔杆儿为生，却从来不去回敬。

是否有人认为，为了获得喝彩，为了产生"影响"，我们就得指责男士或女士？

哼，不是的。我们没有那么卑劣。

我们的抱负更要紧，我们的诚实尤其珍贵。

当您重视精神时，是不会去讨好恶棍的。

想必您能理解我这番话，是吧？

致伊万·屠格涅夫

1870 年 4 月 30 日
星期六下午于巴黎

亲爱的朋友：

　　从赐书中获悉今夏咱们不能见面了。我本十分希望和您一起度过美好时光（在您动身回俄国之前），可世上万事皆难呀！

　　去冬我最大的悲哀是布耶之后最好的朋友儒勒·杜勃朗也去世了。他像狗一样忠于我。这两人的去世接连而来，使我十分沮丧。此外，还有两位朋友处境可悲，他们与我的交谊虽稍逊，但总还是朋友吧。我指的是费多瘫痪、儒勒·德·龚古尔痴愚。

　　圣伯夫的去世，经济上的困难，小说的失败，我的仆人患风湿病，种种事情都令我烦闷！

我很可以说，许久以来，您上次的来访（可惜太短！）是最令我高兴的事。为什么咱们相距如此遥远？我相信，您是我唯一愿与之促膝长谈的人。我不再见搞诗歌和艺术的人。

全民公决、"社会主义"和其他怪事，塞满所有人的脑子。

我担心今夏不能赴您的邀约，原因是四五天后我将回柯瓦塞，即为布耶诗集作序。还须两三个月。然后，我着手写《圣安东尼》。10月，因排演《阿依赛》而中断。

排练将占去我两整月。这样，到明年新年，我只有6周的时间给那位隐士。瞧，我的时间有多紧啊。

我须尽早写出此书，因我已有些厌倦。我连连出书，就为化解个人的不幸。

返俄后，请来信告知情况。请常惦记我。我会常想念您的。

拥抱您。

家母非常怀念您。

致乔治·桑

1870 年 5 月 21 日

星期六晚于柯瓦塞

亲爱的大师：

不，我没有生病，正忙于在柯瓦塞重新定居。后来家母生病，现已康复。然后，我得辨认可怜的布耶的遗稿字迹，并开始为之作注。本周我写了近 6 页，在我就很不错啰。不管怎么说，这项工作是件苦差事。困难在于知道什么不能说。就写作说了两三点意见，感到轻松一点。这倒是说出我看法的一个机会。

您对我说了很好、很美的事，好让我重新振作。我不大振作，但装成振作的样子。也许振作不振作都一样。

我已感觉不到写作的需要，因为我是在为一位故人写作。这就是真相。不过，我将继续写，但兴趣却没有了。

爱我之所爱者并不多。您在这偌大巴黎见过一家人在谈文学吗？偶然有人谈及，也总是从外在和次要的方面：成就问题、道德问题、用处问题、是否合适的问题，等等。我似乎成了化石，是与周围创作界无关的生物！

我亟愿有新的关爱。但为何关爱？我的老友几乎都结了婚。他们经年思虑的，无非是自己的小生计：假期想着打猎，晚餐后想着打牌。熟人中竟没有一位能与我度过一个下午，来朗读一位诗人作品的。

他们自有活计，我却没有。请注意，我仍处在原来的社会地位上，同 18 年前一样。我爱我的外甥女，待她一如己出，但她却不与我同住一处。

可怜的好妈妈已进入耄耋之年，不可能同她谈什么了，除了谈谈她的健康。这一切使生活变得没什么情趣。

至于贵妇人，"我的寒舍"里是没有的。不过，我没能将维纳斯与阿波罗配在一起。阿波罗是一位过分的男人，完全投身于自己从事的事。

我向自己重复歌德的名言："越过坟场，向前进！"我希望能适应这空虚，别无其他。

我越是与您熟识，就越赞赏您，您真棒！

您给那以色列孩子[1]写信，真是一片好心。让他留住他的金子吧！这家伙不会想到文艺之美。他或许自以为很慷慨，因为他建议无息借钱给我。我一点也不责怪他。他并不曾伤害我，也没触碰我的敏感点。

回来之后，除少量斯宾诺莎和普鲁塔克的著作外，我什么也没读，因为专心干手头的事。这活计一直要干到7月底。我急于脱手，好投入《圣安东尼》的"荒唐"之中去。但我担心勇气不足。

霍特里夫小姐[2]的故事很美，是不是？引起普吕多姆写了许多有关道德的好句子。我能理解。他们的行为不是美国式的，而是拉丁式、古代风格的。他们不强大，或许很细巧？

咱们何时相见？

向莫里斯问好。愿他好好治疗老毛病。好好亲吻您的小姑娘们。握您的手！

1　指出版商列维。

2　由于贫困，她与情人双双自杀，曾轰动一时。

致莱奥妮·薄蕾娜

1875 年 7 月 18 日
星期日于柯瓦塞

　　不，亲爱的朋友，我从不认为，您会把我忘记，因为我是一个可悲的思索主题。

　　债务（！）还没有结束。已经快有 4 个月了，我们就生活在这种地狱般的不安中。

　　在最好的情况下，还可以留下很少一点东西以维持生计。我很担心，我们迟早得离开可怜的柯瓦塞。对我来说，这将是最后的一击。

　　到了我这把年纪，不可能再重铸生活。您知道，我不善装模作样。

　　唉，我觉得自己是个完蛋的人。这样的打击抵挡不了！

然而，我还剩下多维尔庄园。如果高曼维勒[1]没有破产，希望他能重新工作，咱们就保留柯瓦塞，生活还有可能照旧，否则就算了。

至于赚钱，怎么赚？我既不是小说家，也不是戏剧家，更不是记者，我是从事写作的，而风格本身是卖不出钱的。谋一席之地，可那是什么地位呢？

啊，生活是沉重的，我正在受大苦大难。这一切都使我愕然。我甚至不能认认真真读一点书。

当重大问题（破产问题）有了结论之后（这将在本周决定），我就到贡卡尔诺（Concarneau）去，尽可能在那里多待些时候，为了呼吸新鲜空气，也为了走出这令人窒息的环境。

直到如今，我还以为死亡是最大的灾难。啊，并非如此。最大的痛苦，莫过于眼看自己的所爱遭到屈辱。

我可怜的甥女令我痛心，这恰因为她是勇敢高贵的。她放弃了自己可以提供的一切。但这又有何用呢？

我一生为了智性的自由，一切都抛弃了！但命运不济，又使我的智慧被夺走！这使我很绝望。

看我多自私！没谈您，没谈您亲爱的儿子。您给我提

---

1 外甥女婿高曼维勒经营的锯木厂接近破产，福楼拜作为舅父，变卖家产，帮助小辈渡过难关。

供的消息似乎是可喜的，但您似乎很厌倦、很懒散？

对明年冬天，我事先就有恐惧心理。我想，这个冬天一定不好过。

希望不久能收到像上次那样一封很好的来信，能做到吗？一有新消息，当再提笔奉告。

拥抱您，您忠诚的老友。

致勒鲁瓦叶·德·尚特皮小姐

1876 年 6 月 17 日

于柯瓦塞

亲爱的收信人：

不，我没有忘记您，因为对所爱的人我从来不会忘记。但您久久保持沉默，这颇出我意外，不知其中有何原委。

您想知道乔治·桑临终情形[1]。是这样的，她没有接受任何宗教仪式。

但她一死，其女儿克莱辛格夫人就要求布尔日的主教为她举行天主教葬礼。家里竟没有人维护死者的遗愿。

莫里斯[2]很悲伤，已经浑身无力。而且还有外界的影响，等等。详情我也不清楚。

1　逝于 6 月 8 日晨 9 时。
2　乔治·桑的儿子。

葬礼非常令人感伤。所有的人都哭了，我比谁都哭得厉害。

这个损失，是我 1869 年以来又新加的一重。第一个是可怜的布耶；然后走的有圣伯夫，儒勒·德·龚古尔，戴奥菲·戈蒂埃，费多，还有一位不太出名（但同样亲近）的人，名叫儒勒·杜勃朗。还有我深爱的母亲！就在今天早晨，又获悉我最老的童年朋友恩斯特·勒马里耶去世。

我已开始写一部长篇小说。不过眼下我暂放下，写些短篇——这比较容易。到冬天来临时，我就有三个可以发表的中篇小说啦。

现在我完全独自一人生活（至少夏季如此）。我不握笔写作时，陪伴我的就是回首往事，如此等等。

可怜的乔治·桑夫人常常对我提起您。更准确地说，我和她常常一同谈到您。

得像我一样了解她，才会知道这位伟大人物是多么具有女性特色。她将仍然是法兰西的名流之一，是独一无二的光荣！

您心情如何？还在读哲学著作吗？我向您推荐勒南[1]最新的一本书《哲学对话录》，相信您会喜欢。

请别过得太久才给我写信。我心里一直惦念着您。

---

1 欧内斯特·勒南(Ernest Renan, 1823—1892)，19 世纪法国著名哲学家、历史学家和宗教学家。编注。

致居伊·德·莫泊桑

1876 年 12 月 25 日
圣诞节于柯瓦塞

好哇！您有什么新闻？《民族报》事件有何发展？历史剧写得怎样？

我嘛，我在拼命写作，虽然没写出几页，但是希望在 2 月底能写完。2 月初，您可以来见我。这不那么"自然主义"，但这是一种"叫喊"——高级的品质！

怎么可以陷入诸如"自然主义"这类空洞的术语中去呢？为什么放弃善良的尚弗勒里提出的"现实主义"（同样口径的蠢话，或者说同等的蠢话）呢？亨利·莫尼埃[1]的真实并不超过拉辛呀。

好啦，再见！祝笔下顺畅，1877 年脾气好。代我紧紧拥抱您的母亲。

---

1 亨利·莫尼埃（Henri Monnier），法国作家。

致艾米尔·左拉

1877 年 10 月 5 日
星期五于柯瓦塞

亲爱的朋友：

您 9 月 17 日的来信在此间"等候"了我几天，然后转寄到冈城。我腾不出一分钟时间作复，因为我在下诺曼底地区的小路和沙滩上赶路。昨晚我才回来。现在又得干活了，多么讨厌又多么困难啊！在这次小小的出游中，我看到了想看的一切，没有什么借口可以不提笔了。关于科学的一章将在一个月内写完。希望下个月进展迅速（写关于考古和历史的一章）。那时我将动身去巴黎。时间当近新年前夕。

这本该死的书使我在战栗中生活。意义只有在整体上才看得出。没有什么出色的片段，那总是同样的场面——

实际方方面面要有变化。我担心它令人望而生厌。我得有极大的耐心，因为三年内不可能写完。但最艰难的部分可以在五六个月内写完。通过夏邦蒂埃，知道了您健饭豪饮的结果。我羡慕您的胃口。您在阳光下[1]度过夏季，感到惬意吗？这里滨海，"白昼的天体"很少露面，眼下甚至冷得要命。

政治越来越恶劣。一般来说，世人为道义秩序而愤慨，旧日的温和派转变得最激烈……

屠格涅夫正忙于维亚尔多小姐的婚事。龚古尔（玛蒂尔德公主给了我一些关于他的消息）正沉浸于对日本文化的爱好中，在准备他的《玛丽·安多纳特》版本。夏邦蒂埃也打算写一本。都德没有任何表现。我读了他《阔佬》的若干章节，觉得很好。但要等读完全书才好发表意见。青年莫泊桑在卢埃什温泉度过了一个月，用他的淫猥笔墨污秽了瑞士山水。

我在奥尔纳和卡尔瓦多斯省发现许多淫画和铭文，甚至在公厕里也有这类玩意儿。这是唱诗班先生或合唱队儿童的作品。

您没有告诉我是谁将《小酒店》改编为剧本的。《玫

---

1 指马赛附近一渔村，左拉一家习惯于在此消夏，塞尚的画使该村出名。

瑰叶》[1] 呢，进展如何？何时面世？

　　一家报纸宣布都德正在把《杰克》改编为剧本，将在冬天上演。

　　我向您推荐奥克塔夫·费耶的《菲力普的爱情》。这比不写还不如。但这的确是"大世界"！何其愚蠢，何其虚假！而且是老生常谈！

　　我到监狱里去探望了伊夫·居约，并且参加了梯也尔老爹的葬礼。这是很特别的一幕。

　　再见啦，老伙伴。祝工作顺利，身体健康，脾气变好。向左拉夫人致意。紧握您的手！

1　乃简称，指左拉的剧作《玫瑰花蕾》。

致玛蒂尔德公主

1877 年 11 月 21 日
星期三晚于柯瓦塞

您最近一封来信，语调是如此哀凉，真令我感到伤心。

尊敬的公主，是何原因，您怎么会跌落到完全泄气的境地？这是为什么？您的处境有什么变化？谁在威胁着您？

我真想变成一名善心的教士，以便能够给您带去抚慰——就像俗话所说的："振奋情绪"。

简言之，我想您对事物的现状是弄错了。现状并不那么黑暗。何况，您又有什么可以畏惧的呢？有什么帮派跟您作对吗？没有呀。我也同样不能理解：波帕兰为什么对儿子的命运"感到担忧"。

假如连上帝的宠儿都在抱怨，那么其他人又该如何呢？虽然自荐为他人的榜样是冒失的，但是，尊敬的公主，为了使您心情平和，希望您能像我一样不在意，或者说，像我一样逆来顺受。

现在，政治直接影响到我的利益，因为我没有根基。我的机遇全在于事业能重新兴旺起来。世上没有比我的未来更不牢靠的了（何况现实也不怎么样）。

没有关系，我不怨天尤人。既不怪时代，也不怪国家。

使我愤怒的只有一件事，就是一般平民的愚不可及，他们的卑劣无知，以及他们的颠顸糊涂。总之，与其发怒，不如发笑。

而且，当我一想到我的朋友普耶-凯蒂耶将重新上台（如果不是已经在台上的话），我简直高兴得要心花怒放！

坦率地说，这位新的"救世主"很可笑。在现实生活的污泥浊水中，滑稽感倒是人生很好的支撑。假如我没有滑稽感，那早就气疯掉啦。尊敬的公主，请努力培养滑稽感和自豪感吧。让咱们一起，把忧愁赶出大门！

请想一想：您的血管里流的是贵族的血脉！

希望您保持"女神"的神态。

致伊万·屠格涅夫

1877 年 12 月

星期六晚 8 点于柯瓦塞

　　我甥女对我做了一番可悲的描绘，说您这位亲爱而伟大的人物如何如何。您的来信，没使我高兴，却让我放心了。至少，眼下您并没受太大的痛苦。啊，可怜的老伙伴，受这该死的痛风病折磨，我深表同情！

　　您还能工作一点吗？能读一点书，能就文学作点思考吗？

　　关于《阔佬》这本书，我同您的想法一样。书的前后不协调。问题不仅在于观察，而且要把所观察到的、所亲眼看到的加以安排，并且融会贯通。我认为，现实只应该是一个跳板，咱们的朋友却认为现实本身就是全部的艺术了！这种物质主义的观点使我生气。几乎每星期一，我读这位好人左拉的文章时，都有点儿恼火。

现实主义之后，咱们现在有了自然主义和印象主义。多大的进步！其实这是一群胡闹的家伙，他们要让人相信是他们发现了地中海！

至于我，好人儿，我在拼命干，不断开垦，活像一个"女黑奴"！有时，我觉得被这部作品[1]压得喘不过气来。很可能失败？如果失败，也只会是半失败。到目前为止，还算不错。以后呢，我还得读许多书。有许多类似的效果，需要丰富、变化。

再过两周，可以写好三分之一了——还得付出三年的艰苦劳动。眼下我正在研究凯尔特人的考古学，那里面有许多好笑的东西。

我现在身体很好。可惜不能入睡，完全不能睡了。每天近黄昏的时候，大脑枕骨部就痛得厉害。

今晨阅读《公众福利报》，据报载，咱们可能有一届新政府[2]。巴雅尔不肯自行退出，我担心暗中有花样。也许，善良的百姓倒会怀念帝政时代，要求恢复帝制。那么，愿上苍保佑吧！

这里，在柯瓦塞，雨水不停。人简直是泡在水里。但

1　指《布法尔与白居榭》。

2　指麦克·马洪任命的杜富尔政府。

我反正不出门，我不在乎。何况我有您赠送的那件东方睡袍！一天两次，为这件礼物而祝福您：一次是在清晨起床时，一次是下午五六点钟，穿着在沙发上"打个小盹儿"。

希望新年之前能见到您。我的意图是在这时到达巴黎。

眼下，亲爱的老友，我拥抱您。

致爱德玛·德·热奈特

1878 年 5 月 27 日
星期一于巴黎

　　我的行装已收拾就绪，希望后天可以在柯瓦塞重新安顿好，能坐在书桌前，开始写第五章。

　　我开始觉得巴黎十分可厌，在那里住了几个月之后，觉得整个人的神气从千百毛孔走漏掉，散落到了人行道上。我的人格在与他人接触之后，似乎散落了。觉得自己变得愚蠢，一想到万国博览会便觉得疲倦之至。我去参观过两次。从特罗加特罗广场俯瞰下去，真是美不胜收，使人梦想起从前的巴比伦。说到细节，我觉得最有趣的是日本的后院。得用 3 个月，每天 4 小时，才能看完这"当代文明的伟大展示"。我可没这么多时间，得务正业啊。

　　我被邀请参加伏尔泰百岁冥寿的活动。但不拟去，每个钟头都得节省。这次百岁活动很可笑：您见到过上层贵妇与下层女人联手吗？伏尔泰的敌人注定是可笑的，这是上帝赋予这位伟人的又一恩惠！关于伏尔泰，可以说他是不朽的——当人们需要他时，便可发现他的全貌。总之，教士和当朝大佬完全迷失了方向。

您赞赏萨尔都（Sardou）吗？他认为梯也尔是一位希腊的神明，阿提卡的精灵！（萨尔都之入阿里斯托芬的讽刺世界，那是确定无疑的。）

关于看戏，我整整一冬只去过一次剧院，那是去罗亚尔宫，出席《玫瑰花蕾》的首演式。作品写得很可怜，这是作者没料到的，我的老友左拉变得很荒唐。他妒羡雨果老爹，想自己"创立一个流派"。成功使他陶醉，忍受厄运比善处好运要来得容易。左拉在评论方面的镇定自若，正是由于他那不可思议的无知。我认为，艺术，纯粹的艺术，已没人再喜欢。能品味佳句的人都到哪里去了？这种贵族的享受，已属于远古。

勒南的《加利班》读过吗？里面有些东西甚可爱。但缺乏基础，缺得太多。

您怎样啦？可怜的好友！您在读什么？想什么？咱们何时重逢？为了您自己的尊严，请勿自弃！

明年冬天我会幸运些吗？您会来巴黎吗？

上周，我到夏农梭，在伯鲁兹夫人家里住了 5 天。1577 年，当时主人在那里大摆宴席，有众多裸女作陪。我想写一写此事。《拿破仑三世治下》这类的题材，终于光顾到我，我能感受得到。有新想法之前，题目暂定为《一个巴黎家庭》。但我得先写完《布法尔与白居榭》。希望明年新年能写出一半。

好啦，再见啦。请忍受这可怜的生活，能写几封长信来，我将十分高兴。您是知道的。问候您的夫君。

致伊万·屠格涅夫

1878 年 7 月 10 日

星期二晚于柯瓦塞

哎，亲爱的老伙伴，您好吗？痛风病的病痛是否已走？或至少它能让您略感平宁？脾气还好吗？

至于我，无新情况，仍拼命在写那本可怕的书。本月底，希望能写完第五章，然后是第六章。（还不算整整一册注释。）某些日子觉得已被这重担压倒，好像骨里的骨髓全没了。我像一匹拉车的老马，还在继续拉，累极了，但仍勇进，多么大的工程！我的好人儿！只希望不要显得荒唐。令我担心的是书的构思，总之，靠上帝保佑！没时间多思考了，我常想，把这么多时间用于别的事是否更好些？

我的甥女现正在柯瓦塞。她重新喝苹果汁以来，胃病没再犯。她把弹子房改装成工作间，重新作画。她和夫君知道我给您写信，要我一并向老友致意。

我收到我弟子莫泊桑的一封可悲来信，他母亲的健康令他担忧，他觉得自己也有病。他那海军部使他厌烦，变得麻木，再也不能工作下去了。而那些"娘儿们"也不能使他开心！而且，既然"欧洲比我们自己的机构还更令人妒羡"，目前又杂事纷繁，还是不去接近为好。博览会之后，据报载，有两万人将会因劳累而丧命（原文为此）。

左拉拥有一所房屋，屋子的所有地板都腐烂了，差点在他脚下垮掉。如您所知，公众福祉已经消亡，但左拉将继续在《伏尔泰》杂志上高举自然主义大旗。该杂志是一个新刊物。

啊，都德夫人生了一个男孩。友人的消息，我就知道这些。

政治地平线上一切平静，是不是？昨天举行议会选举，秩序党的朋友们获得进展。

我不知道卡杜尔的《弗拉加塞船长》[1]是否成功。

夏天真可怕。天天下雨！我本想去塞纳河钓鱼，现在也不可能了，因为气温不适合。

您什么时候回来？年底之前，我不大可能离开我的小

1 戈蒂埃之婿卡杜尔·蒙代斯将《弗拉加塞船长》改编为剧本，1878 年 7 月上演。

屋，除 9 月份有几天去公主处，并且参观一下博览会。

您今秋来看我吗？您知道，我不是邀请您，因为要您准备旅行太麻烦了。假如您待不到一周以上，就不要来。不过您来，我还是十分高兴。冬天环境太差，周围人太多，我们的小朋友很友善……但谁也抵不上您。

请保持快乐，常来信，想着我。

致于斯曼

1879 年二三月
于柯瓦塞

现在，大人，咱俩相互解释清楚吧！ [1]

如果您不是我的朋友（也就是说，假如我不必表示尊敬的话），或者说，假如我觉得大作很平庸的话，我就只是向您致以平凡的敬礼，一切也就明白了。但是我觉得内中有许多才华，这是一部出色的、非常紧凑的作品，这样您就可以接受我思想的深意啦。

您写的题词里称赞《情感教育》，倒使我看清了您那部小说在构思上的不足之处。《瓦塔尔姐妹》[2] 缺乏前景的虚假性，没有逐步前进的效果，读者在书的结尾留下了从

1　引用了雨果的诗句。

2　于斯曼的第一部小说，1879 年由夏邦蒂埃出版社出版。

一开头就已有的印象。艺术并不是现实。不管写什么，总要在现实提供的各因素中做选择。只有这样，无论什么派，这才是理想。描写非常好，性格是经过仔细观察的。看的人会说：正是这样！人们相信您的选择。表现力通过描写得以完成。最打动我的是心理，您的分析是大师级的。下一部作品中，请您充分施展这一才能。那在您是自然的，而且只属于您本人。

您的风格的实质，其根底很坚实。然而，您不信此说，这证明了您的谦虚。为什么选择用强有力的，常常是粗俗的表达方式来加强呢？当作者讲话时，您为什么像自己的人物那样说话呢？请注意，您的人物使用的语言削弱了书的内容。巴黎流氓的语言我不懂，并没有什么坏处。如果您觉得这种说法是典型的、必需的，那我就俯首承认，只责怪自己无知。但当一位作家用一连串的词汇（任何字典里都找不到这些词），那我就有权利奋起反对，因为您伤害了我，损害了我的乐趣。（以下举了几个通俗的用语）为什么不说衣服，而偏要说 frusques 呢？

我重读您的作品，偶尔落在第 2 页和第 6 页上："走吧，卡罗尼娜……"另一女人或许多别的女人顶得上她，也都跟她一样，具有大家气派。刚刚写了那么多无用的俗语的人，难道与现今这个是同一个人吗？

请看第 152 页，这句话表达了一种美学思想："愿丁香花的忧愁知道，在一只花瓶里，玫瑰花的笑脸显得更加有趣……"

为什么？不论是丁香还是玫瑰，本身都没什么意思，有意思的是画它们的方式。恒河并不比比埃夫尔河更富有诗意，而比埃夫尔河也不比恒河更富有诗意。请留意，像在上古悲剧时代一样，我们将重新陷入主题的贵族气质和用词的故弄玄虚之中。你会发现，从文风的角度看，俗气的用词产生良好效果，正像从前，人们用精心选择的辞藻来美化文章。修辞学翻了个面，但毕竟还是修辞学。我感到伤心：一位像您这样独到的作家，怎么能用这样幼稚的思想来损害自己的作品？您应变得更自豪，我的老天爷！不要相信"秘笈"！

明乎此，我只有欣赏书本的设想及其展开。没有平庸之处，处处都有力量，常常还有一定深度。

瓦埃尔神父有新发现。我不是说两姐妹（她们是如此迥然不同，但性格的对比并不突兀），结局几乎臻于崇高。

亲爱的朋友，我要说的就这些，我的坦率恰恰表明我对您的尊重。

致艾米尔·左拉

1879 年 12 月 3 日

星期三晚

亲爱的朋友：

用不着佯装，或者假装没有读那篇文章[1]（实际上我读了三遍），出于不好意思，我才没将文章内容告诉厨娘。再说，她也听不懂。

您真行！替我报了仇！我内心的想法是您说得对，这是一本正经书。也许我让小说说了所能容许的更多内容！

过了 1 月份，应当来看看我。请事先与朋友们商量一下。这将成为一次"家庭式聚会"，对我大有好处。到那时，希望我已写到最后一章。

我干了许多活，也觉得干够啦！寒冷使我难受。

1　指左拉关于《情感教育》的文章。

假如您不十分忙，请告诉我近况。我急于读到《娜娜》，其程度与我想让您看到《布法尔与白居榭》相当。尊作是何时面世的？

再次感谢。拥抱您！

致甥女卡罗琳

1880 年 4 月 28 日

我仍然为这个圣波利卡普本命节感到惊愕，拉比埃夫妇今年更胜以往！！！

收到来自世界各地的约 30 封信！晚饭时又收到了三封电报。鲁昂大主教、意大利红衣主教、清洁工、清扫公会、香烛商，纷纷来函致意。

作为礼品，收到一双丝袜、一条围巾、三束鲜花、一帧西班牙画家作的圣波利卡普像、一枚圣牙。尼斯还将送来整整一箱鲜花……

说实在的，为让我高兴，他们花了很多心血，我真非常感动。

我猜想，这类可爱的闹剧，是我门徒莫泊桑捣弄出来的。

你赞赏《羊脂球》，我十分高兴。那是一篇杰作，不多也不少，将会留存在您的记忆里。

译后记

2006年春，沈志明先生嘱从福楼拜书信集中编选15至20万字。至12月中旬，大体完成。

福楼拜是19世纪继司汤达、巴尔扎克之后的第三位法国现实主义作家。

他的长篇小说《包法利夫人》在当时引起轰动，至今仍被奉为经典，在全世界广为流传。

福楼拜笔耕一生，作品堪称少而精，包括未完成的《布法尔与白居榭》，计5部长篇、3部短篇。但这已足以使他跻身大师之列。

他对现实主义的一大突破，是在作品中完全排除主观抒情成分，创立"纯客观"艺术。

他的艺术实践证明：有功底的艺术家，可以通过自选的细节，加以组合，达到批判现实的目的，未必需要作家自己站出来一抒己见或发表议论。

有人认为，他这种客观、冷漠的创作方法，对法国20世纪文学影响深远，一些评论家将他看作后现代派的先驱。

《福楼拜文学书简》的意义在于，作家在与友人（布耶、杜刚、高莱、费多、莫泊桑等），同行（乔治·桑、屠格涅夫、圣伯夫、龚古尔兄弟等），以及亲人（外甥女等）的通信中，时时述及他的文艺观点，而且流露出深挚的亲情和友情。

福楼拜《通信集》的编选者尚·布吕诺（Jean Bruneau）借用阿根廷作家博尔赫斯的话曾说过：殚精竭虑创作少而精的文学作品的那个福楼拜，也正是传奇的、历史的福楼拜（如果四卷《通信集》没使我们看错的话），而《通信集》里呈现出的福楼拜比之他构思和完成的重要作品还更加重要，福楼拜笔下的人物也没有一个像福楼拜本人那样现实。

丁世中

2007 年元旦

福楼拜与现实主义运动

沈志明

按语：1983年初春，笔者博士论文答辩通过后不久，受到巴黎第七大学主管人文学科的副校长和法国现代文学系主任召见，他们向我宣布："我们派人去南泰尔博士论文档案馆查考，发现您是中国第一位获得法国文学博士学位的公派生。现很荣幸通知您，我们邀请您留在现代文学系授课一年，享受高级讲师待遇。"这样，我就获得了延长一年的居留，可以经常待在系图书馆了。一天遇到同系的一位教师，他问我查什么，我说查"包法利夫人就是我"的出处。他愣了半天没说话。后来谈起福楼拜和现实主义运动的关系，他滔滔不绝，并告诉我可以去他家的藏书室，那里有关现实主义运动的原始资料相当完整，福楼拜的书籍及有关资料也不少。这样，我利用复活节假期去过多次，并做了笔记，事后随手写下这两篇文章[1]的初稿。回国后，一直到1989年秋天为《二十

1　指《包法利夫人就是我》（本书代译序）和《福楼拜与现实主义运动》两篇。编注。

世纪现实主义》（《西方文艺思潮论丛》，柳鸣九主编，中国社会科学出版社，1992年2月出版）供稿时才定稿。当时限于篇幅，两篇文章合成一篇，现恢复为原来的两篇，第一篇做了一些改动，第二篇略有润色，一并收入本书中。

法国最早阐述现实主义流派的专著作者之一埃·布维埃在其《现实主义战役》一书中指出："1850年在塞纳河左岸成立了一个文学家和艺术家的团体，高举新流派的旗帜，企图取代良知审美和浪漫主义流派。他们竭力主张真实，未加工的真实，从而一致获得现实主义者的称号。"[1] 1848年1月至1850年1月期间，发生了许多重大事件，流淌了许多汗和血；许多希望落空了，许多幻想毁灭了。一批对现实极为不满的画家、诗人、小说家、批评家，经常在塞纳河左岸的昂德莱啤酒店聚会，他们是库尔贝、尚弗勒里、迪朗蒂、波德莱尔、蒲鲁东、柯罗、杜米埃、比雄、卡斯塔尼亚、缪热、费多……他们的聚会起初并没有明确的目的，只是志同道合，出于对库尔贝的支持。库尔贝在展出《奥南的午后》（1849）和《奥南的葬礼》（1850—1851）后，受到普遍的批评和攻击。这些与传统决裂的创新之作被视为"粗俗的乃

1　布维埃：《现实主义战役》，第234页，丰特曼集团出版社，1913年。

至下流的货色"。1853年展出的《浴女》更引起哗然，因为它再现了现场沐浴的女郎，而不是在规范的布景下优美的模特儿，被人们斥为"现实主义"，这在当时是粗俗、下流、有损体统的同义词。1853年12月26日出版的《阿里斯托芬专栏报》上刊登了一首打油诗，恶毒嘲笑库尔贝，说他"矛头指向理想"，"创造粗制滥造的、孩子气的艺术"，"除我之外，一切都是老一套，什么鲁本斯、伦勃朗、普桑、柯勒乔、拉斐尔，统统都是老一套"，"喜欢小姑娘额下长胡子，脸上长疣，脚上长鸡眼，这就是真实"。库尔贝在遭到官方的拒绝之后，干脆趁1855年万国博览会之际举办了他的个人画展。展品目录上有一篇序言，题为《现实主义》。这篇由尚弗勒里代笔的序言很快被认为是现实主义运动的宣言和现实主义流派的宪章。库尔贝的立场得到明确的阐述："现实主义的头衔是人们强加给我的，正如人们把浪漫主义的头衔强加给1830年的文人一样。头衔在任何时候都不能确切地说明事情，不然的话，作品是浅薄的……我学习古代和现代艺术时不带任何刻板的思想和成见。我既不想模仿别人，也不想抄袭别人。我的思想还不至于瞄准无用的目标：为艺术而艺术……求知为了成才，这就是我的想法。能够按我的判断表现我们时代的习俗、思想、风貌，一句话，创造活生生的艺术，这就是我的目的。"

现实主义运动从此在文学艺术界轰轰烈烈地展开了。1856年尚弗勒里一人办起现实主义流派的正式刊物《尚弗勒里新闻报》。他在创刊号上号召冲破保守的资产阶级的围攻，写道："不受束缚的年轻一代正从四面八方汇合向前行进……今天我重申我青年时代的座右铭：既不惧怕朋友也不惧怕敌人！"该刊虽因资金不足只办了两期，但尚弗勒里的领导地位却确立了。自1853年开始，他在许多文艺批评的文章中阐述现实主义原则，后收集成册，于1857年出版，名为《现实主义》。一批不受束缚的年轻人，包括自1845年起聚集在缪热周围的放荡不羁的青年文人，汇集到尚弗勒里的旗帜之下。1856年11月14日现实主义者俱乐部终于宣告成立，并在讷伊的一个广场举行成立仪式，据说俱乐部成员达上百人，与会者达上千人。迪朗蒂为此专门发表过一则消息。

在《尚弗勒里新闻报》停刊后，批评家和小说家迪朗蒂在阿塞扎（后成为狄德罗著作的出版者）和蒂利埃（后弃文从政，成为巴黎市议会主席）的协同下，创办了名噪一时的《现实主义》杂志。迪朗蒂据说是梅里美的私生子，家境富裕，早年投身文艺，狂热鼓吹现实主义，是新思潮的先锋。他和朋友们在《现实主义》杂志上对浪漫主义支持者发起猛烈的进攻，把拉马丁说成"杂种"，把雨果说成"魔鬼"，把缪塞说成"唐璜的影子"，把戈蒂埃说成"老态龙钟的好好先生"。他们的文章言辞激烈，语气刻薄，锋芒毕露，指名道姓地批判一大批作家，无情鞭挞一些文学体裁，诸如古典悲剧、历史小说，尤其是诗歌。迪朗蒂在《现实主义》创刊号上发表了一个禁止诗的法律草案，开宗明义："一切诗都当禁止，处以死刑"；他希望永远消灭"韵律诗的灾害"，"永远不再出现沉思诗、静观诗、讽刺诗、报春诗、逸事诗、近古诗或远古诗"。[1]

与之相反，他们推崇一批作家，诸如莫里哀、德弗埃、普莱服神父、雷斯蒂夫·德·拉布雷托纳，特别推崇司汤达和巴尔扎克；他们高度赞扬尚弗勒里的《玛丽埃特小姐的艳遇》（1853），说它一扫成规，自然朴实，意趣天成，断言他和莫里哀、巴尔扎克一样伟大。迪朗蒂声称："尚弗勒里的思想在我认识他以前就对我有很大的影响，我认为他是法国有史以来十大智者之一。"[2]《现实主义》杂志共出六期，自 1856 年 11 月至 1857 年四五月（合刊）。在最后一期的尾部有一篇《最后几句话》，出自迪朗蒂的手笔，他宣称："编委中某些成员的个人原因迫使本杂志不得不

---

1 《现实主义》，第 1 期第 4 页，1856 年。
2 同上。

停刊。"但杂志的停刊并不会延缓现实主义运动,迪朗蒂指出:"《现实主义》杂志死了,但现实主义与世长存!"

面对现实主义者的猛烈攻击,浪漫派和学院派当然不甘示弱,他们反唇相讥,口诛笔伐。一时间形成一场混战。具有浓厚现实主义倾向的《巴黎杂志》很受年轻人欢迎,但因经费不足和人事纠葛,不得不于1858年停刊;《艺术家》竭力与波德莱尔、福楼拜、费多和解,发表有利于现实主义运动的文章。如果说《巴黎杂志》和《艺术家》是宣扬现实主义的两把利剑的话,那么《两世界杂志》和《费加罗报》则是传统的、保守的文学势力的堡垒:坚持反对现实主义运动,以道德的名义批判茶花女式的爱情。"茶花女"在很长一段时间成了"破鞋"的同义词。小仲马为自己辩护,声称"我照相似地描绘了真正的现实"。现实主义者当时也的确是冒天下之大不韪的、放荡不羁的人物。尚弗勒里的《玛丽埃特小姐的艳遇》根据缪热和他朋友们的真人真事写成,缪热本人公开证实,说有的改了一下名字,有的连名字都没有改;玛丽埃特小姐就是交际花米米,她领着一帮轻佻女子跟他们鬼混,并列出一张原型人物表,公布于众。他们这么做并非完全为制造哗然,而是有一整套独特的处世观念和文艺思想。

受蒲鲁东思想影响较深的迪朗蒂,曾以个人的名义重申了尚弗勒里的现实主义理论，强调文学的倾向性，文学的社会性、思想性和教育性。他主张再现广大民众的真实生活，描绘社会的目的旨在教育社会：文艺应有的放矢，应有实用意义，应成为教育的工具及使人们变成无畏者的工具。现实主义作品既然是为人民创作的，那么就该使全体人民读得懂。马克斯·比雄主张"普及文艺"，指出："艺术应当科学地加以利用，旨在造福于大众。"[1]为此，现实主义者排除一切风格上的仿效或因袭，排除一切人为的装扮，寻求真实和模仿自然。寻求真实，意味着只有真情实感才可以写作。现实主义者主张尽可能描写亲身经历、体验的事情。所以他们大量做笔记、写回忆，实录见闻，对日常的事情和生活的细节进行翔实的叙述。至于文笔则被认为是次要的事情。迪朗蒂号召向库尔贝学习，库尔贝摈弃所谓最高雅的宗教画和历史画，运用形象表现真实存在的事物。库尔贝摈弃传统画派的艺术手段，与之相呼应，迪朗蒂主张摈弃文采。

迪朗蒂不仅有理论，还有实践。他发表过四部长篇小说，三本中短篇小说集。1880年左拉在参加为迪朗蒂之墓迁至拉雪兹公墓举办的活动之后，著文赞扬《昂里埃特·热

---

1 尚弗勒里：《现实主义》，第36页，赫尔曼出版社，1973年。

拉的不幸》（1860）的作者，写道："迪朗蒂先生是自然主义的先驱者之一。……我很少遇见像他这样不受周围环境摆布的小说家，必须追溯到司汤达，这是不同凡响的人……我只认识一个不受感染[1]的人，他就是迪朗蒂先生。"[2]

1850 到 1870 的 20 年间，文学作品中小说占据首要的地位，其规模和数量都是史无前例的。左拉在《当代小说家》（1880，作为最后一篇收入论文集《自然主义小说家》）中评述近三十年的小说家和小说时，十分惊讶地写道："小说家成批成群地涌现，他们的小说汗牛充栋。从 5 月至 9 月，整个秋天，几乎每天有两三本小说问世，犹如法国土地上的蘑菇。……我不知道几百万册出版物将变成怎么样。"[3] 惊讶中渗着惆怅。文学史家也有茫然不知所措之感，不知道选评哪些作家和哪些作品。虽然每个世纪都会碰到类似的问题，但 19 世纪现实主义时代的作品确实汗牛充栋，也许因为现实主义理论家主张文采无用论，只要像书记官那样实录生活就行了。从现实主义流派的领袖人物尚弗勒里、迪朗蒂开始，几乎所有自称现实主义的作家都忽视文采。

这个历史时期较为出名的现实主义小说有：尚弗勒里

1　指不受浪漫派感染。

2　左拉：《自然主义小说家》，第 339 页，夏邦蒂埃出版社，1881 年。

3　左拉：《自然主义小说家》，第 358 页，版本同上。

（1821—1889）的《古怪的人》（1852）、《玛丽埃特小姐的艳遇》（1853）、《莫林沙的资产者》（1855）、《德·布瓦迪韦先生》（1856）；迪朗蒂（1833—1880）的《昂丽埃特·热拉的不幸》（1848）；缪热（1822—1861）的《放荡生活的场景》（1848）；费多（1821—1873）的《法妮》（1860）、《达尼埃尔》（1859）；法布尔（1830—1898）的《库贝宗一家》（1862）；左拉的《苔蕾丝·拉甘》（1867）、《玛德莱娜·费拉》（1868）……

当时舆论众口一词地肯定 1850 至 1870 年现实主义小说所取得的成就，是因为浪漫主义小说越来越走下坡路。确实，随着表达情感、想象和梦境的浪漫主义大师们，诸如夏多布里昂、维尼、司汤达、拉马丁、缪塞悄然离世，只剩下年迈的雨果仍流亡海外，从偏远的一岛不时咆哮着谴责第二帝国，当时唯有被称为通俗小说作家的巴尔扎克、乔治·桑、大仲马等撑着市面。于是，尚弗勒里、迪朗蒂等便以为该轮到他们这些新人反抗前代思想、别树一帜了。由此，所谓现实主义文学应运而生，欢腾热闹起来。有人做过统计，与 1830 至 1840 年相比，纯想象作品在 1840 至 1850 年的销售量几乎下降一半。现实主义小说在几年内就改变了这种局面，使小说终于成为读者大众喜闻乐见的文艺作品。一直对小说抱怀疑态度的法兰西学院 1862

年破天荒地第一次屈服，接纳了一位只写小说的作家为院士，这说明小说的地位空前提高了。现实主义趁着实证主义在各个领域取得的光辉成就，节节取胜。批评家蒙泰居早在1861年就指出："我们的虚构文学，如同现代批评，如同科学，如同史学，起主导地位的是事实、现实、经验。大家喜爱这些东西。"[1]

　　然而，成百上千的现实主义作品，包括上列较为优秀的，几乎没有一本传世，甚至包括尚弗勒里的小说。尽管《玛丽埃特小姐的艳遇》至今仍有很大的资料价值，比如可以从中看到1830年左右法国外省小资产阶级生活淋漓尽致的画面，但尚弗勒里囿于自己"真实等于艺术"的理论，不折不扣地只描写耳闻目睹的情境，而他的生活又十分平庸，所以注定写不出伟大的作品。难怪左拉批评道："近几年，随着自然主义流派占显要地位，现实主义流派虽然还存在，但可惜只剩下光杆司令。……尚弗勒里先生没有足够的力量把运动进行到底，尽管他确有才干。他的写作方法很不对头：朴实是好事，但文理欠通却不行。他曾名噪一时，但读者很快转向福楼拜和龚古尔兄弟，他们才是巴尔扎克

1　马蒂诺主编：《第二帝国统治下的现实主义小说》，阿歇特出版社，1913年。

真正的继承者。"[1]

如果说绝大多数现实主义作品是平庸之作，那么《包法利夫人》（1857）可以称得上是鹤立鸡群、彪炳史册的杰作。小说问世时，毁誉不一，聚讼纷纭，甚至引起一场官司。最后法官对作者采取宽容的态度，但坚持谴责作品是"有损传统的、粗俗的现实主义"。从此，现实主义一词同《包法利夫人》及其作者挂上了钩。舆论开始宣称福楼拜是现实主义流派真正的领袖，呼声越来越高，名声也越来越大。人们一致认为《包法利夫人》是现实主义小说的转折点、新起点。总之，福楼拜的光辉成就使得比他先出名或同时出名的现实主义小说家相形见绌，黯然失色。然而，耐人寻味的是，福楼拜本人非但没有加入尚弗勒里和迪朗蒂的俱乐部，反而跟他们不断打笔墨官司。尚弗勒里撰文批评《包法利夫人》，见诸《现实主义》杂志第3期（1857年1月），他在高度推崇巴尔扎克的同时，指出福楼拜的文笔虽精练准确，却掩盖不住穿凿之论。是的，1857年2月7日法庭宣告《包法利夫人》无罪，不再追究，甚至免诉讼费。尽管《包法利夫人》此后声名大震，但圣伯夫、尚弗勒里等一批著名批评家仍不看好。比如，迪朗

1　马蒂诺主编：《第二帝国统治下的现实主义小说》，版本同前。

蒂在同期《现实主义》上附和尚弗勒里，说什么《包法利夫人》"没有激情，没有情感，没有生命"，而"有仿作，有抒情，就是没有个人特色"。福楼拜看了心里很不服气，但因刚从"丑闻"中解脱出来，反应低调，忍气吞声。他在那些参与现实主义运动后又加入自然主义行列的新人中只有一个朋友，名叫恩斯特·费多，尽管他俩的观点截然不同。

过了半年多，即1857年8月6日，福楼拜致函费多，婉转解释道："一本书要能冒出真实来，对这个题材就需耳熟能详，这样，文学的色彩会自然流露出来，就像一个想法的开花结果，是必然的结果。"[1]又指出："一部作品没有自己的风格就等于不存在。……风格本身就是一种观察事物的方式。"福楼拜受过重创刚恢复元气，说的是真心话，他从不按照什么主义来写作，一向只追求风格，一有机会就讲风格，不妨援引几小段："一切都得靠努力才能得到……蚌病成珠，风格或许是苦心焦思的结果。"（1853年9月12日函）又说："艺术的真谛，在于自身的美，而我首要风格，其次是真实。我自认为在描绘中产阶级风俗和生活堕落的女子这方面，已尽可能写得有文学性，并顾到体统，当然是在主题

---

1 引文改用罗新璋译文，援引自《不朽作家福楼拜》，世界知识出版社，2001年5月。以下不再一一注明。

充分展示的前提下。"（1856 年 12 月 12 日函）的确，福楼拜一贯强调风格的重要性："要靠风格自身的内在力量站住脚。"（1852 年 1 月 16 日函）

福楼拜最痛恨事先设定什么"思想"或什么"主义"来指导写作。他靠自己的灵感，凭自己的感受，用自己的知识，抓住一个主题，锲而不舍，一直写到自己满意为止："我要写惊世骇俗的东西。"才不管什么浪漫主义或现实主义呢！他自我分析："在我身上，说得文雅些，分明有两人：一个喜张扬、抒情、雄鹰展翅，句子要铿锵悦耳，思想要高华超卓；另一个尽力去寻找和发掘真实，小事也努力予以凸显，跟对大事一样。"（1852 年 1 月 16 日函）稍微看一下他的几部代表作便一目了然：总是一部"浪漫"和一部"写实"交替创作。

《圣安东尼的诱惑》（1845—1856—1874）。朝气蓬勃的年轻作者神思骏发，杜撰圣安东尼层出不穷的幻觉，荒诞诡谲，体现作者本人探求真理的幻觉稍纵即逝，陷入信念和科学之间的两难抉择。虽然妙笔生辉透出美轮美奂，却让读者莫名惊讶。

《包法利夫人》（1857）。作者说这是一本写"人情礼俗的书"，"把平平常常的事说得贴切而简明"（1852 年 12 月 17 日函）。女主人公爱玛在故事演进中逐渐牢笼作者俘获作者，与作者融为一体。但，作者却时时管住自己的笔，把住盘桓不去的意象，冷峻克制地表达。恰恰是这两者的糅合赋予这部作品以独特的艺术色彩，即言简意赅，切中肯綮，而不带任何抒情色调。

《萨朗波》（1862）。迦太基统帅哈米加的女公子萨朗波，是月神女祭师。为了索回迦太基命运所系的圣衣，亲赴雇佣军首领马托的营帐，不惜委身于他，直至猝死，处处出现血淋淋的残暴场面。萨朗波为改变政局而死，与情感无关。情节的进展循着野心、敌对、战斗的节律，并非依据情绪变化的起伏。笔墨紧凑，言谈微言大义，描述颇具地方色彩，似有一种史诗格局。蛮荒的背景，粗豪的格斗，让读者神思恍惚，是"一种幻景"（福楼拜语）。就体裁而论，确实独一无二。

《情感教育》（1869）。用福楼拜的话来说，这是一部写意志薄弱和人生失败的小说。作者的自我感觉不错，觉得主人公弗雷德里克包含了他的"诸多自我成分"。作者描述 1848 年 2 月 22、23、24 日民众上街闹革命，推翻路易·菲力普为首的七月王朝，这是一场惊天动地的法国改朝换代的革命，他却抱着不冷不热、不偏不倚的态度，对狂热不羁的民众和自私无情的资产阶级保守派一视同仁，不动声色的叙述简直是冷峻的。故事和人物平淡无奇，叙事和写景故意单调，没有任何起伏的情节。主人公弗雷德里克虽有志向，却从彷徨失措走向玩世不恭，而他的情感生活又仿佛被笼罩在层层阴霾中。1869 年小说出版时恶评如潮，普遍认为福楼拜江郎才尽，迷途失津。但事实上，福楼拜的文采从未如此雄健有力，得心应手，运用自如；他精细入微地写出了内心想表达的东西。这种超前意识和笔法要到 20 世纪才被世人接受。

《脆弱的女性》（1873）和《候选人》（1874）。福楼拜众望所归之后，突发奇想，浪漫起来，纵容自己放弃一向严谨的创作精神，"堕于茫茫剧艺之中"（1873 年 5 月 24 日函），迅速撰成原创剧本《脆弱的女性》。其动机是："一是借以挣几千法郎，二是要叫低能儿不舒服。"（1873 年 6 月 18 日函）就像他反驳恶评《包法利夫人》的尚弗勒里那样，故意说什么想跟尚弗勒里对着干，想证明资产阶级的伤心事和平庸的情感可以用美丽的语言来抒写。可惜，颇具浪漫色彩的《脆弱的女性》，不仅语言不美，而且内容贫乏，是不动脑筋之作，结果未能上演，彻底失败。福楼拜不甘心，居然以文学干涉政局，在六个星期里，"养成个习惯，就是以戏剧的眼光去看世界，用对话进行思考"，用以针砭政坛习气。当时法国上下盼望德·香博尔伯爵和德·巴黎伯爵谈判恢复王朝，但德·香博尔是波旁王朝世系最后的合法继承人，正流亡奥地利；以德·巴黎为首的奥尔良派盘踞国内，人多势众，和解谈判困难重重，最后走进死胡同。与时人不同，福楼拜则希望维持共和，反对君主制和教权派掌权，他想借用戏剧《候选人》抨击势利的议会候选政客。但剧本上演彻底失败，令他丢尽脸面。他不得不出五千法郎收回剧本："自认倒霉！……我小小的牛奶缸砸了！原想把柯瓦塞的家具换一堂新的。落空啦！"（1874 年 3 月 15 日函）这两个戏剧作品是他一生中最失败的事例。法朗士分析福楼拜这段时期的表现倒是一针见血，入木三分："福楼拜人很善良。他有种神奇的本领，显得热情洋溢，好恶分明。所以他容易过激。向一切开战，总有什么冤屈要报复。他的行事，像他十分推重的堂吉诃德。"[1] 最后，福楼拜不得不回到自己原先的创作宗旨和创作动机上来。

《三故事》（1877，包括《淳朴的心》《圣于连传奇》和《希罗迪亚》）。这个小集子是福楼拜创作生涯中唯一在发表时获得一片好评、无重大异议的作品。

《淳朴的心》（1876），作者本人在给罗捷夫人的信中作了最好的评论："《淳朴的心》，记述卑微的人生，

1　法朗士：《文学生命》第 2 卷，第 318 页，《居斯塔夫·福楼拜》，雅克·舒费尔出版社。

一个乡下女佣人一辈子的经历。她笃信宗教，有点神秘兮兮，为人忠心耿耿，心肠软得像新鲜面包。她接连爱着未婚夫、太太的两个孩子、她的外甥、她照顾的老人，最后是她的鹦鹉。鹦鹉死了，她拿去做成标本，临死时，恍惚中把鹦鹉当成了圣灵。这样写，并不像您假想的以为含有什么讽刺意味，正相反，其实很严肃很凄凉。我愿引起敏感的灵魂——我自己就是其中之一——的怜悯和落泪。"（1876 年 6 月 19 日函）忠诚而卑微的女仆全福，正是福楼拜幼年在特鲁维尔城巴尔倍家所见到的蕾奥妮和在柯瓦塞服侍过他的老用人朱莉融合在一起的写照。这幅怀念童年世界的画面真实可信，且感人至深。

《圣于连传奇》（1877），是一则带有浓重宗教色彩的传奇故事。于连是射杀走兽飞禽的神手，虽然不轻易下手，但一旦开了杀戒便杀戮无度，兽尸遍野或飞禽如落叶，之后常做噩梦，后悔不迭，发誓不再猎杀，但时不时又抑制不住自己本能。一次射鹤时，误以为射死母亲，仓皇出逃，再也没有回家。途中加入一支军队。由于他身强力壮，办事精干，英勇善战，很快拥有一支部队的指挥权，打了无数的胜仗，终于自立旗号。一次，于连率军救援，击溃异教徒军队的包围，拯救了法国南部的一个公国。国王为报救命之恩，让他与公主成亲。于连从此不再打仗，与公主过着恬静的生活。一个夜晚，他做祈祷时，突然听得一声狐狸尖叫，似有野兽走动，他抑制不住这强烈的诱惑，取下箭壶，出门循声追杀。不料在森林中越走越远，所有先前被他杀戮的野兽纷纷再现，紧紧围堵过来。他想起自己可爱的妻子，打开宫殿大门，走进卧房，靠近床沿，俯身摸枕头，不料摸到一把胡须和一片长发——一个男人和他的妻子睡在一起。他勃然大怒，拔出匕首刺下去，刺穿两人的心脏。但一转身，却见妻子拿着烛台进来，原来他亲手杀死了来访的父母亲。下葬完毕，于连便浪迹天涯，乞讨为生。一天他遇见一个遍体脓疱的麻风病人，便把自己的吃的、喝的、穿的都给了他，最后为暖病人的身体，扑到他身上，嘴对嘴，身对身，紧紧搂住他。突然，他浑身感到莫大的快慰，似一泓秋水滋润心灵，冉冉升腾，飞出屋外："于连和救世主耶稣面对面升向广漠的蓝天。耶稣把他带进天国。在我们家乡大教堂的彩绘玻璃窗上可以看到行善者圣于连的故事。"[1]

　　《希罗迪亚》（1877），使人想起《萨朗波》的蛮荒、凶悍和淫邪，这部作品把《圣经》中的三个人物希罗特（《圣经》译为"希律"）、希罗迪亚（《圣经》译为"希罗底"）

─────────────
1　李健吾等译：《福楼拜小说全集》下卷，第 67 页，人民文学出版社，2002 年。

和莎乐美改写得个性突出，有血有肉，栩栩如生。希罗特·安提帕既残忍又怯懦，在位时曾审判过耶稣，其弟媳希罗迪亚，既刁悍恶毒又贪求权力，见到安提帕有权有势，遂遗弃住在意大利无意争位的丈夫，勾引藩王。果然，希罗特休掉阿拉伯王的女儿，娶希罗迪亚为妻，但遭到曾为耶稣洗礼的施洗者约翰的谴责。希罗迪亚怀恨在心，千方百计向约翰下毒手。她把与前夫所生的女儿莎乐美从寄养处找来，为藩王露肚扭腰跳舞，风情撩人，淫荡勾魂，安提帕为她的魔力疯狂入迷，无邪的莎乐美受母亲指使，终于索取了约翰的头颅。这里，福楼拜硬是用戏剧性语言使一则平实的圣经故事变成一篇具有浓厚文学色彩的杰作，魅力无穷。

三个短篇从不同的角度全方位地揭示福楼拜的文学风格，要"浪漫"有多"浪漫"，要"写实"有多"写实"，全靠作者的功力和努力。短短的故事，激活一个世界，凭的是炉火纯青的语言和因题制宜的手法；构思、叙述、刻画、写景时，运笔游刃有余，简洁、明快、准确，简直臻于完美。这样，福楼拜以自己的作品来驳斥和反击现实主义运动和自然主义思潮，尽管这两种思潮的精英们，诸如左拉、都德、龚古尔、屠格涅夫、莫泊桑等，众星捧月似的围绕在他身边，尊敬他爱护他。他的观点非常明确，他对乔治·桑知遇之恩铭感终生，但在原则问题上不让步。比如，乔治·桑责怪他："我觉得，你们这一派太停留在表象，不关注世事的内涵。"（1875年12月18日函）他反驳道："您谈到我的朋友们，您加上'门派'之称。我恰恰苦口婆心，不让立什么'门派'！首先，我排斥一切门派。我点名的那些常相见的那些人，他们追求的，正是我鄙视的；我深感苦恼的问题，他们只是一般的关切；我大加赞赏或斥为丑恶的，他们却无动于衷。"（1875年12月20日函）至于乔治·桑一直责怪他在小说中不掺以个人的信念，他反驳道："至于要我对塑造的人物表白自己的看法，则表示反对，反对，一千个反对！……凡真的，也必是善的……请注意，近时所称的现实主义，我很嫌恶，虽然评论家把我封成教主。"（1876年2月6日函）

确实，就在《三故事》1877年由夏邦蒂埃出版社结集出版的当月，莫泊桑、于斯曼等六位后继青年作家，聚会于著名的特拉普酒店，正式宣告福楼拜、左拉和龚古尔为"当今三大师"。龚古尔踌躇满志地写道："看来新军正在形成。"（1877年2月28日日记）但，福楼拜坚决拒绝当"新军"首领，坚持不当"新军"精神导师。现实主义、自然主义，任何标签，与他的小说理念不符的，他都不接受。这次晚宴要奉他为"帮主"，可他直到喝醉离席，还在嚷嚷不立门派不当帮主。再说，高傲的福楼拜不屑与左拉、龚古尔、都德等人为伍，尤其瞧不起龚古尔的创作："您读过龚古尔的《艾丽莎姑娘》吗？简陋而贫血，与之相比，《小酒店》堪称杰作了。"（1877 年 4 月 2 日致罗捷夫人函）就在几个月前，他还公开攻击左拉的自然主义信条，竟给玛蒂尔德公主写信道："觉得作品《小酒店》低俗，绝对如此，真实并不是艺术的首要条件。求美，才是主要的，要尽可能臻于美。"（1876 年 7 月 4 日函）他更瞧不起都德的《阔佬》，同时期，致函好友屠格涅夫写道："作品杂乱无章。写作不仅仅是观察，更要把观察所得加以处理、熔铸，我看了生气……现实主义之后，又有了自然主义、印象主义。真是进步得快！一帮骗子！"（1876 年 11 月函）

在这批青年作家中，福楼拜唯一赞赏的是他的弟子莫泊桑，真心劝他："一个正派人想按自己心思生活而不必看别人眼色，独身是唯一可取的境况。"（1876 年 10 月 25 日函）他自己身体力行。他不仅在人生中是独行客，在艺术上也是独行者。因为他恪守自己的艺术信条："艺术而不讲法则，就不再是艺术。这像女人不穿衣服。给艺术加上知所羞耻这一条，这不是奴役艺术，而是尊重艺术。艺术上有所法乃大。"（1857 年 1 月 30 日函）这是对自然主义性描写的警告，不可太露骨太色情，否则就是对艺术的不尊重。

总之，福楼拜认为，文学好似科学，是不断求知、求真的过程，在不断超越自身中吸取养料，求得发展。他主张观察和描写世界的方法要不断更新，使人感受到现实的丰富性和运动性。

福楼拜无疑是对的，并且以卓越的小说成就纠正了现实主义创导者们在文艺理论上的片面性。我们不妨归纳一下现实主义的要点：

一、自由地表现当代的社会主题，不再表现古代的或无时间性的主题；反对一切禁忌，按世界的本来面貌再现世界。

二、一切皆美。"美到处都有。对于人的眼睛，不是缺少美，而是缺少发现。"（罗丹语）世界的任何部分都是美的，包括无法表现的部分，无法掂量的部分。

三、人物必须是典型的，但又不是一个模子的翻版，切忌老一套的框式。创作必须因人而异，符合作家的个性和独立的人格。

四、小说家的工作在于向人们推荐一种与现实相平行而又富于意义的世界。正如现实世界进化的动力基于各不相同的个体（达尔文语），想象文学只是一种创造的现实世界，其动力基于每个作家的劳动和风格。艺术真实原本不是现成的，而是创造出来的（福楼拜语）。

综上所述，我们看出现实主义的理论起初比较狭隘：

直面现实和人生，揭示社会矛盾和人们的真实心态，只写亲身经历的事情。但《包法利夫人》的巨大成功，"一个外省的小姆妇冷不防引发了一个小小的奇迹"（波德莱尔语），使现实主义理论完整了。福楼拜从此被公认为新潮流的领袖，并被和《人间喜剧》的作者巴尔扎克联系在一起。巴尔扎克在世时一直被看作想象力极丰富的浪漫派，由于多产被称为"文学工业家"。他死后，人们发现他作品的文献价值和现实主义的强大力量，后来崛起的实证主义又揭示了巴尔扎克文艺观的科学性和社会性。因此，巴尔扎克和福楼拜历来被认为是风格各异的现实主义大师。

1989 年深秋于北京
2008 年春末改于上海

福楼拜生平与创作年表

1821 12 月 13 日，居斯塔夫·福楼拜出生。

1825 《淳朴的心》中女仆全福的原型朱莉到福楼拜家帮工，
直到福楼拜去世。

1834 10 月，路易·布耶进入福楼拜在读的中学。

1836 福楼拜到特鲁维尔度假，遇到 26 岁的艾丽莎·斯莱
辛格，对她一见钟情。

1840 中学毕业，与友人到法国南部地中海沿岸的比利牛斯
和科西嘉旅行。旅途中认识了欧拉莉·福珂——后来
成为福楼拜的情妇。

1842 布耶进入福楼拜父亲的诊所工作。

1843 经人介绍认识了普拉迪埃，并在普拉迪埃的工作室遇
到了维克多·雨果。在普拉迪埃的工作室，福楼拜还
经常见到斯莱辛格一家。同年，福楼拜开始写《情感
教育》第一稿。
布耶被福楼拜父亲赶出诊所，也与福楼拜断了交往。

1844 福楼拜的神经官能症第一次发作。

福楼拜一家搬至柯瓦塞。在这里，福楼拜结识了马克西姆·杜刚和阿尔弗雷德·勒·普瓦特万，并与他们成为朋友。

1845 陪同妹夫一家新婚旅行时，看到了布吕盖尔的名画，激发了他的创作灵感，开始构思《圣安东尼的诱惑》。完成《情感教育》第一稿。

1846 1月15日，福楼拜的父亲去世。1月22日外甥女卡罗琳出生。一个月后，福楼拜的妹妹、卡罗琳的母亲去世，福楼拜从此和母亲生活在一起。

5月，福楼拜动笔写作《圣安东尼的诱惑》，并与布耶恢复关系。

6月，阿尔弗雷德与莫泊桑小姐结婚，阿尔弗雷德的妹妹则嫁给了莫泊桑小姐的弟弟。

7月，福楼拜第一次见到鲁伊丝·高莱。7月29日，鲁伊丝·高莱成为福楼拜的情妇。8月4日，在他们分开12小时后，福楼拜从柯瓦塞给她寄出了第一封信。

1847 5月1日，福楼拜和杜刚出发去布列塔尼和诺曼底旅行。3个月后，从8月至11月，二人合著旅行日记，福楼拜写奇数章节，杜刚写偶数章节。

1848 二月革命爆发。

4月4日，阿尔弗雷德去世。

福楼拜与鲁伊丝·高莱的关系恶化。8月21日，福楼拜给她寄去一封并不友好的短笺。

1849 福楼拜和杜刚的东方之行确定下来，11月4日从马赛乘船，7日到达马耳他，15日到达亚历山大城，11月26日到达开罗，一直待到次年2月6日。

这期间，福楼拜完成了《圣安东尼的诱惑》，读给杜刚和布耶听后，他们一直认为此书不宜出版。

1850 2月，他们乘船离开开罗前往上埃及。3月6日，福楼拜与埃及名妓库楚克-哈内姆共度一夜。10月，他们抵达罗德岛，11月13日，抵达君士坦丁堡。12月18日在雅典拜访卡纳里斯时，听说了雨果的近况和他的《东方集》。在这次旅行途中，福楼拜得知了巴尔扎克去世的消息。

1851 东方之旅继续。他们略略游览了斯巴达和伯罗奔尼撒半岛。2月9日，从佩特雷乘船前往布伦迪西；3月，到达那不勒斯；4月，到达罗马；5月，到达佛罗伦萨；6月，返回柯瓦塞。

福楼拜与鲁伊丝·高莱恢复来往。

9月，开始写作《包法利夫人》。

1852 福楼拜写给鲁伊丝·高莱的信越来越火热，与此同时，他与杜刚渐渐疏远。

福楼拜计划编写《庸见辞典》。

1853 福楼拜把东方之旅的游记给鲁伊丝·高莱看，她发现了福楼拜曾与妓女共度一夜后大为恼火。在与福楼拜这段时间的交往中，鲁伊丝·高莱以为自己会被正式介绍给福楼拜的母亲，甚至会与福楼拜结婚，因此频繁出入柯瓦塞。

11 月 8 日，福楼拜与布耶最后一次共进晚餐。

1854　鲁伊丝·高莱缠着福楼拜要他安排自己与其母见面，福楼拜不胜其烦。4 月 22 日，福楼拜给鲁伊丝·高莱写了最后一封信，两人彻底决裂。

福楼拜就写作《包法利夫人》时遇到的医学知识向布耶请教，更频繁地前往巴黎。在巴黎遇到布耶女友的朋友、女演员奥尔加·佩尔松，并帮助她进入了奥德翁剧院。

1856　2 月 8 日至 14 日，鲁伊丝·高莱在《箴言报》上发表文章，中伤福楼拜。与鲁伊丝·高莱决裂后，福楼拜修复了与杜刚的关系。

4 月 13 日，福楼拜完成《包法利夫人》；5 月 31 日，他把全稿寄给杜刚，杜刚则答应他从 10 月 1 日起在《巴黎杂志》上连载。福楼拜开始改写《圣安东尼的诱惑》，并准备写作《圣于连传奇》。10 月 1 日，经过多处修改和删节的《包法利夫人》开始在《巴黎杂志》连载，至年底时，《包法利夫人》热度高涨。

1857　为避免对自己伤风败俗、亵渎宗教的指控，福楼拜四处奔波。审判于 1 月 31 日进行，2 月 7 日，他被宣判无罪。出版商米歇尔·列维签下了《包法利夫人》的版权，于 4 月底出版。

《圣安东尼的诱惑》（第二稿）已经写完，但因担心再次引来议论和起诉，只得暂时搁置。同时期圣伯夫和波德莱尔对《包法利夫人》的声援令福楼拜十分感激。他开始构思《迦太基》（即后来的《萨朗波》）。

1858 福楼拜为写作《萨朗波》做准备，进行了实地考察。4月16日乘船去菲力普镇；4月24日抵达突尼斯，停留4天，游遍突尼斯；6月6日回到巴黎。

这一年费多的《法妮》获得成功，福楼拜对他表示了赞赏。

1859 专心写作《萨朗波》。

布耶获得了荣誉勋章，福楼拜对他表示祝贺。

10月，鲁伊丝·高莱出版了《他》，福楼拜被描绘成了一个愚蠢的人，他读后在信中写道："我笑得岔了气。"

1860 在巴黎居住了一段时间，这期间他结识了许多作家，如儒勒·雅南、费耶、保尔·德·圣维克多、龚古尔兄弟、莫里和勒南等。

布耶的剧作上演失利，福楼拜因此略受打击。

1861 《萨朗波》进展缓慢，完成了三章。

1862 4月24日，《萨朗波》终于完成，但修改和誊抄颇费了一些时间。

《悲惨世界》出版，福楼拜读后在给友人的信中大谈这部作品的不足之处。

11月，《萨朗波》由出版商米歇尔·列维出版。圣伯夫对这部作品评价不高并发表了三篇评论文章。福楼拜读到这些文章后既对批评家的关注十分感激，又对批评的内容感到愤怒和委屈，给圣伯夫写信辩解了一番。

1863　福楼拜频繁出入玛蒂尔德公主府。

　　　春天时，福楼拜拟定了《情感教育》的提纲。

　　　写作《心灵的城堡》剧本，并于 10 月 26 日完成。

　　　戴奥菲·戈蒂埃编写了《萨朗波》的歌剧脚本，福楼拜十分高兴。

　　　年底时，有位木材商向卡罗琳求婚，福楼拜十分支持这桩婚事。

1864　布耶的剧作《福斯蒂纳》上演，在福楼拜的帮助下大获成功。

　　　夏天时，斯莱辛格夫人到柯瓦塞看望福楼拜。

1865　2 月，福楼拜应邀参加拿破仑亲王的盛大舞会。这一年福楼拜与皇家来往甚密。

1866　写作《情感教育》。

　　　8 月，在玛蒂尔德公主的支持下，福楼拜获得荣誉军团骑士勋章。乔治·桑把《最后的爱》献给了他。

　　　8 月 24 日，乔治·桑到访柯瓦塞，11 月再访。之后不久，福楼拜家发生了一次火灾。

1867　福楼拜从屠格涅夫处获得了关于圣伯夫的一些不好的消息。

　　　布耶定居鲁昂，并任图书馆馆员。

　　　福楼拜全力投入写作《情感教育》。

1868　继续写作《情感教育》。夏天时，他见到了大仲马。

1869　5 月 16 日，《情感教育》终于写完。几天后，他在公主府读给别人听，效果很好。11 月 17 日，《情感教育》出版，新闻评论界认为它没有一点可取之处。

7 月 18 日，布耶去世。福楼拜失去一位至交。

10 月 13 日，在福楼拜探望过他 5 分钟之后，圣伯夫去世。

福楼拜开始重新写作《圣安东尼的诱惑》。

1870　努力将《心灵的城堡》搬上舞台，未能成功。

6 月 20 日，儒勒·德·龚古尔去世。

7 月 14 日，普法战争（法国称"法德战争"）爆发。

1871　年初在鲁昂，4 月初回到柯瓦塞，重新投入《圣安东尼的诱惑》的写作中。

5 月，斯莱辛格先生去世。11 月 7 日，斯莱辛格夫人到访柯瓦塞。

布耶作品《最后的歌》即将由米歇尔·列维出版，福楼拜十分关心此事，并为此书精心作序。

1872　布耶剧作《阿依赛小姐》首演，批评界和公众反应冷淡。

4 月 6 日，福楼拜母亲去世，遗产留给了外孙女。

5 月 5 日，福楼拜读到雨果的《凶年集》，称赞他是"老狮子"。

7 月，福楼拜开始构思《布法尔与白居榭》。

9 月，福楼拜作品的出版事宜转到夏邦蒂埃出版社。

10 月 24 日，戈蒂埃去世，福楼拜十分伤心。

1873　《候选人》于 6 月开始构思并于 11 月完成。

10 月 28 日，费多去世。

1874 《圣安东尼的诱惑》转到夏邦蒂埃出版社出版。

3月11日，《候选人》首次演出，效果不尽如人意，第四次演出时福楼拜出资撤回了剧本。

4月，《圣安东尼的诱惑》上市，销售良好但没有获得新闻批评界的好评。

6月底，福楼拜为写《布法尔与白居榭》到诺曼底实地考察。

8月6日，《布法尔与白居榭》动笔。《圣安东尼的诱惑》德语版出版。

1875 虽然身体状况很差，福楼拜一直坚持《布法尔与白居榭》的创作。

5月，外甥女婿接近破产，福楼拜为之担心了4个月。他卖掉了自己的农庄，帮助外甥女一家摆脱了困境，他也因此不再有稳定的可支配收入。

9月，福楼拜开始创作《圣于连传奇》。

1876 3月8日，鲁伊丝·高莱去世，福楼拜很悲痛。

《圣于连传奇》已完成，福楼拜开始写作《淳朴的心》，他还计划写《希罗迪亚》。

6月8日，乔治·桑去世，福楼拜前往参加葬礼。

6月13日回到柯瓦塞，继续写《淳朴的心》，并于8月17日完稿。

这一年，左拉的《小酒店》、都德的《阔佬》相继出版，但福楼拜对这些作品不感兴趣。

1877 《希罗迪亚》完稿。4月，《箴言报》发表《淳朴的心》

《公众利益》和《圣于连传奇》。4 月 24 日，《三故
事》由夏邦蒂埃出版社出版，作品赢得了新闻评论界
的好评，但销量一般。

福楼拜一直为之奔走的布耶塑像的事终于告一段落，
塑像被放置在鲁昂的新图书馆前。

1878　巴黎举行世界博览会，福楼拜十分厌恶此事。《心灵
的城堡》上演一事毫无进展。

10 月，为写作《布法尔与白居榭》，福楼拜和莫泊桑
到埃特勒塔旅行。同时构思了一部史诗型小说。

1879　外甥女一家仍未摆脱破产阴影，屠格涅夫等朋友为了
帮福楼拜得到马扎兰图书馆馆长一职，瞒着他积极活
动。福楼拜得知后感到屈辱和绝望。

1 月 27 日，福楼拜在冰上滑倒，摔断了腓骨。

3 月，新任国民教育部部长为福楼拜提供了一份养老
金，10 月 7 日养老金正式发放。

4 月 27 日，福楼拜伤愈后第一次出门，参加圣波利卡
普节。在这一天，朋友们设宴招待他、给他写信、送
他礼物等。

6 月 1 日，福楼拜仍旧坚持不懈地为《心灵的城堡》
上演而奔走。夏邦蒂埃出版社出版了《情感教育》的
一个版本。

1880　整个冬天，福楼拜未离开过柯瓦塞。

2 月 1 日，福楼拜读到《羊脂球》，盛赞。2 月，《心
灵的城堡》在《现代生活》杂志刊出。

在莫泊桑因《墙》一诗即将受到起诉时，福楼拜积极为他活动。

3月28日，福楼拜为迎接复活节，准备了很长时间，邀请了龚古尔、左拉、都德、夏邦蒂埃等朋友前来聚餐。

4月27日，福楼拜过了最后一个圣波利卡普节，收到了电报、30封信以及礼物。

5月8日11点至12点之间，福楼拜在动身前往巴黎时，突然病逝。享年59岁。

我思，成就另一种个体

To be another